大家的
防災安心手冊

草野薰／著
渡邊實／監修
陳瀅如／譯

前言

全球大地震的兩成發生在日本

富饒與殘酷
一體兩面的大自然機制

大陸板塊運動，將日本列島擠壓隆起，板塊位移引發地震……日本列島充滿地球的生命能量，狹窄國土內擁有多座火山，是世界屈指可數的溫泉國家。颱風則於夏秋兩季頻繁來襲，故也是世界少見的水量豐沛國。三一一大地震時遭到嚴重海嘯災害的三陸地區，是世界三大漁場之一。日本人自悠久遠古以來，便帶著敬畏的心情與大自然共處。臺灣國土面積則占全球的0.02%，每年約發生22,000次地震，其中約500次為有感地震。

即使地震頻傳，
日本也不曾消失

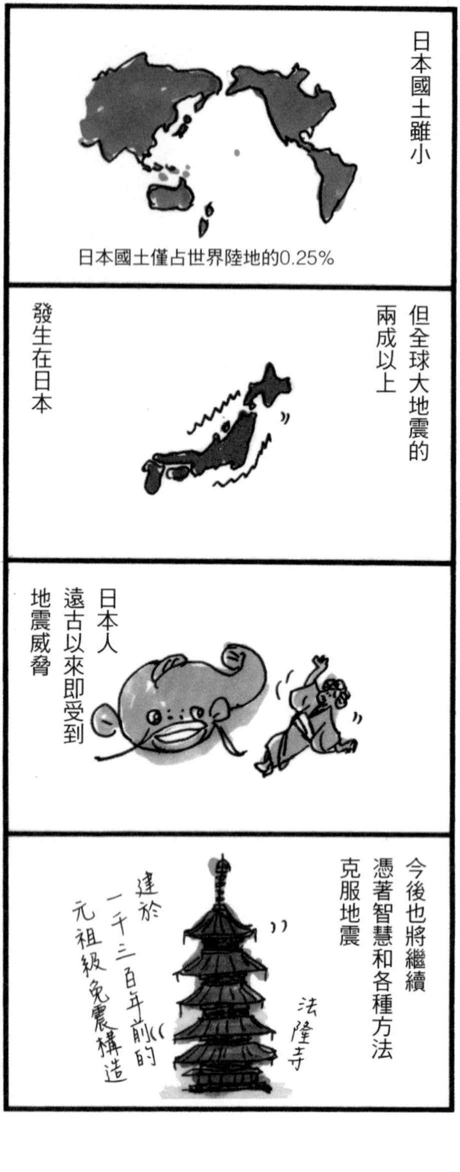
日本國土雖小
日本國土僅占世界陸地的0.25%
但全球大地震的兩成以上
發生在日本
日本人遠古以來即受到地震威脅
今後也將繼續憑著智慧和各種方法克服地震
建於一千三百年前的元祖級免震構造
法隆寺

前言

震度與芮氏地震規模的不同

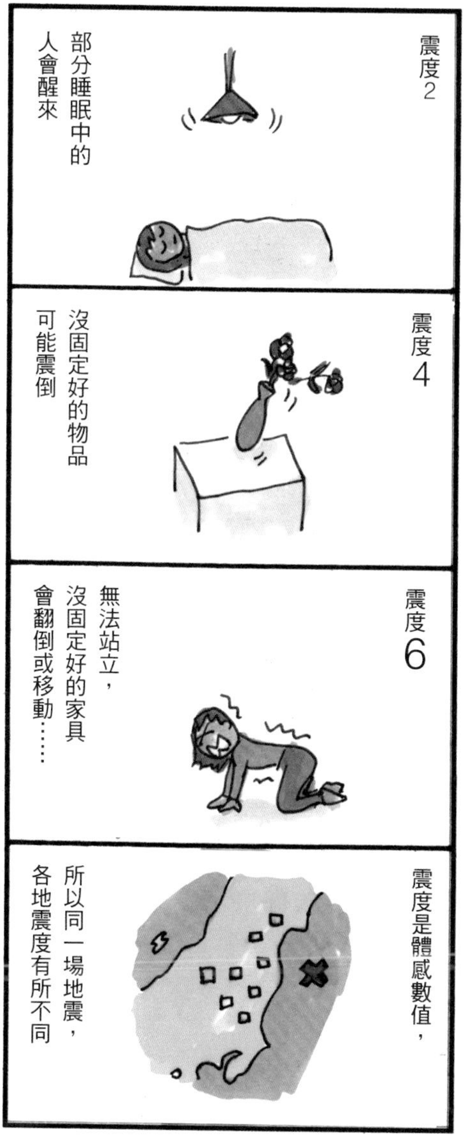
震度2
部分睡眠中的人會醒來
震度4
沒固定好的物品可能震倒
震度6
無法站立，沒固定好的家具會翻倒或移動……
震度是體感數值，
所以同一場地震，各地震度有所不同

芮氏地震規模指的是地震能量，震度則代表搖晃程度

芮氏地震規模是地震能量規模的單位。每發生一次地震，芮氏地震規模的數值只有一個，但「震度」會有數個數值。表示所在處的搖晃程度單位是「震度」，而各地的震度會依離震源地之距離和地盤特性等條件有所不同。芮氏地震規模每增加1.0，代表地震釋放能量增加約30倍，增加2.0則增加約1000倍。

311東日本大地震的芮氏地震規模為9.0

地震帶來許多災害

複合式災害加重受災

地震最可怕的是，地震會引起二種災害演變為複合式災害。地震引發海嘯、油庫漏油引發火災、地震引發地盤錯位、降雨引發山崩……城市、海、山、川……災害發生時自己身在何處、和誰在一起？依季節和天氣不同，何時會發生什麼樣的災害，沒人能掌握。但我們必須知道，只要一個條件不同，地震引發的災害程度便會有很大的差異。

未曾見過的景象
變成現實

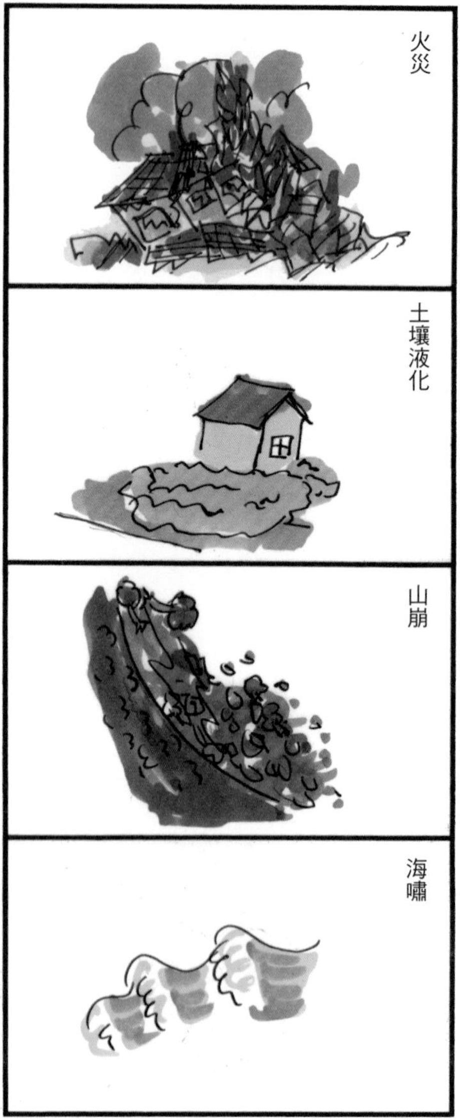

前言 預料之外的災害每年襲來

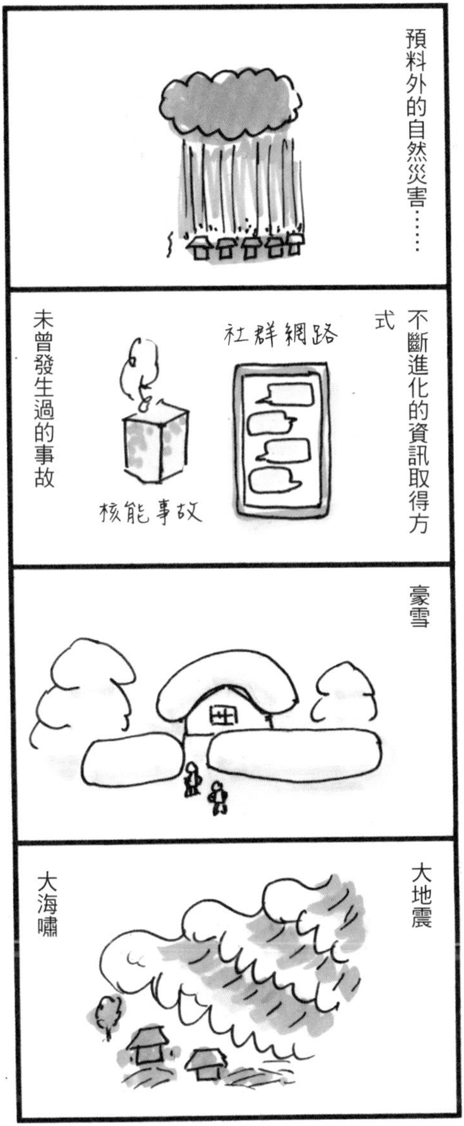
預料外的自然災害……
不斷進化的資訊取得方式
社群網路
核能事故
未曾發生過的事故
豪雪
大地震
大海嘯

年年變遷的環境和異常氣候

依據日本氣象廳的定義，所謂的「異常氣候」是指「和過去30年的觀測紀錄相比有顯著偏離的天候。」在地球暖化持續中的現在，人們也漸漸聽慣「異常氣候」這個詞。酷暑、暖冬、豪雪、豪雨、龍捲風、地震、大海嘯、颱風……再加上地球好似也正進入地震活動期……我們必須覺悟，地球正在面臨史上最嚴峻的自然環境。

只能防範於未然

前言

靠自己的腦袋判斷

預料外的狀況也需設想，並自行判斷

世上沒有完美無誤的防災指南，但我們有沒有相關知識，會造成很大的差別。在消防署的宣導手冊、政府單位網站、電視、廣播、防災訓練和讀書會等得到豐富的防災資訊，但實際上面對災害時，最終下判斷的還是自己。存活下來最需要的，是不驚慌、不囫圇吞棗所有資訊、靠自己思考判斷。

防災書籍
只教人類預測內的狀況
地震發生時
警視廳
防災指南
但資訊
會過時
過度相信
反而讓人們疏忽大意
一百年來都沒事啊……
請思考
並懷疑得到的資訊
用想像力
培養判斷力

這次完全是
預料外的
狀況……

目錄

前言

1 地震・災害前的準備

2 地震發生時

3 火災發生時

4 海嘯來襲時

5 豪雨、颱風、龍捲風、打雷、土石流、雪崩發生時

6 停電對策

7 熬過非常時期的生活智慧

10 非常時期的心理照護

11 放射性問題對策

12 避難生活的智慧

1

地震・災害前的準備

固定家具

避難前
首先是保住性命

阪神大地震時，許多人在睡夢中遭倒下的家具重壓而死亡。衣櫥、冰箱、平板電視、鋼琴、書櫃……重新審視家具的配置，事先做好預防家具倒下、固定的措施。配合牆壁和天花板的強度、地板種類等條件，選擇適當的防倒器具，做好萬全對策吧。

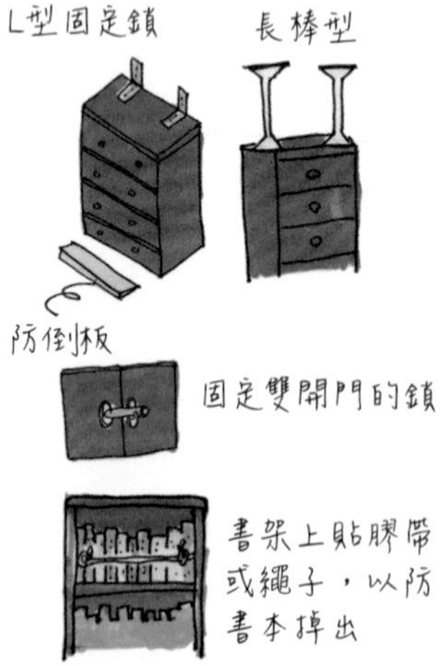
L型固定鎖
長棒型
防倒板
固定雙開門的鎖
書架上貼膠帶或繩子，以防書本掉出

好恐怖啊
什麼東西?!
電視衝撞過來砸到人
嘎嘎叫著朝房間走來……
大櫃子好恐怖！
這可不是靈異現象！
若沒固定好家具
一旦發生大地震，家具真的會撞過來呢！

災害前的準備

平時就整理好危險的餐櫃

阿嬤81歲，身體硬朗
一個人住
但仔細看房間，其實充滿危險
餐櫃擺滿平常用不到的餐具
平常只需要使用一小部分就夠了
安全起見，一起幫阿嬤整理吧！
這個拿去跳蚤市場吧！

餐具和玻璃杯都可能變成凶器

餐具從餐櫃中掉落、餐具碎片撒滿一地的畫面，應該都在電視上看過吧？地震剛結束時無法使用吸塵器等家電，所以想清理也無法，而這些餐具碎片也會影響到日後的避難生活。建議趁現在檢視一下餐櫃吧。

平常沒用的餐具
為預防掉落，收進塑膠袋並放在不會掉落的地方
拿去跳蚤市場或義賣，
賣不掉就丟掉
丟掉

確保維繫生命的水

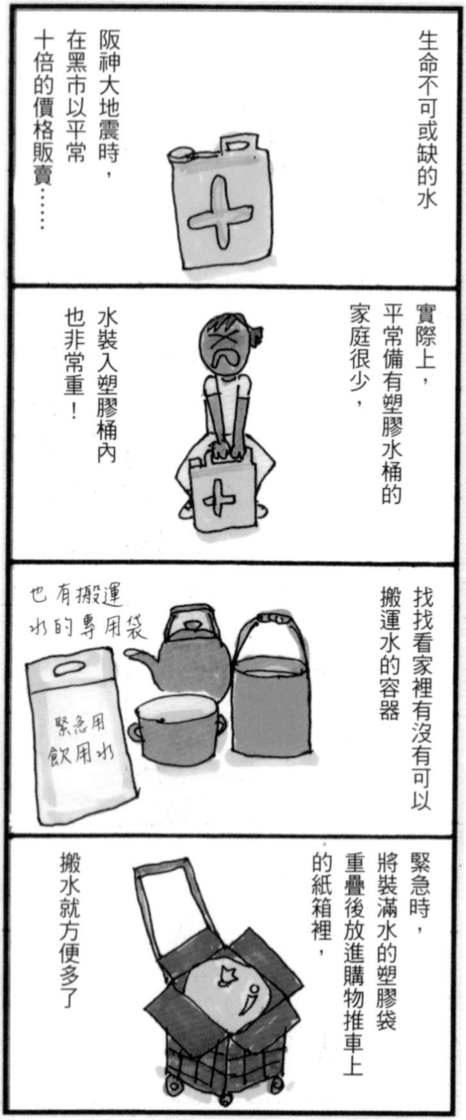
生命不可或缺的水
阪神大地震時，
在黑市以平常
十倍的價格販賣……
實際上，
平常備有塑膠水桶的
家庭很少，
水裝入塑膠桶內
也非常重！
找找看家裡有沒有可以
搬運水的容器
也有搬運水的專用袋
緊急用
飲用水
緊急時，
將裝滿水的塑膠袋
重疊後放進購物推車上
的紙箱裡，
搬水就方便多了

一個人一天所需的水約為三公升

若是在自家遭遇意外，趁水龍頭還有水出來時盡量儲水，並多花點巧思珍惜使用儲水。試想像斷水時，推著供水車的畫面吧。另外，也可多準備幾張牢固的大塑膠袋，很多地方都可派上用場。

災難時哄抬物價，除了可恥，也會被舉發。另外，無論何時，都要以保命為先，應先放下儲水或拿貴重物品等動作，以逃命為主。

麥茶
礦泉水
審視日常用水
的習慣也很重要！

緊急用
飲用水

也有儲水專用袋，只要將水用導管注入，封口便自然閉合，即使橫放也不會漏水。

災害前的準備

事先備妥醫藥品

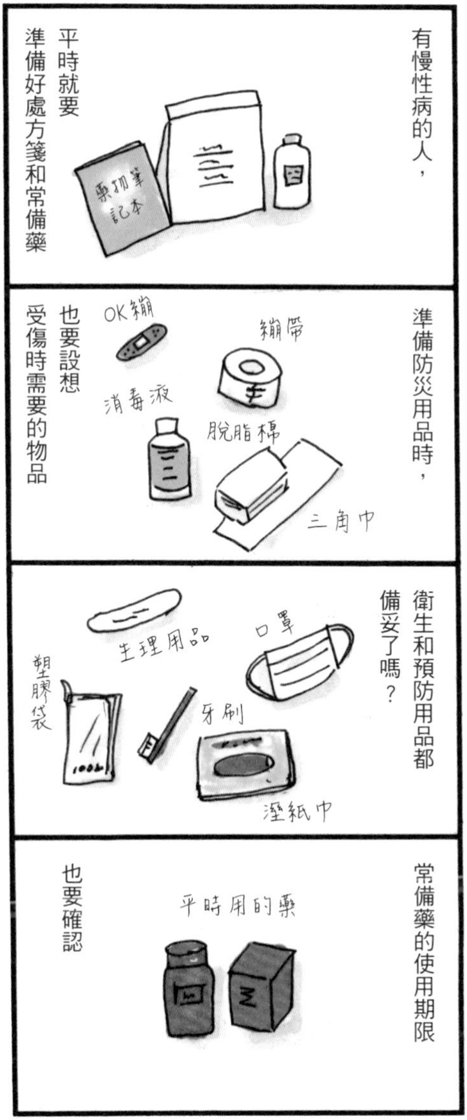
有慢性病的人，
平時就要
準備好處方箋和常備藥
藥物筆記本
準備防災用品時，
也要設想
受傷時需要的物品
OK繃
繃帶
消毒液
脫脂棉
三角巾
衛生和預防用品都
備妥了嗎？
生理用品
口罩
塑膠袋
牙刷
溼紙巾
常備藥的使用期限
也要確認
平時用的藥

有慢性病的人須準備好處方箋

有聽力障礙者，可備好筆談用的筆記本等物品。而平時就診的醫療機關聯絡方式和常用藥物等，若先備妥也可安心許多；比如先備好處方箋影本，也是不錯的辦法。為方便災害時確認身分，駕照、健保卡、身心障礙者手冊、媽媽手冊和身分證、緊急聯絡卡（寫有緊急聯絡方式和常去醫療機關等資訊）等證件最好隨身帶著。預先準備的藥品也別忘了檢查有效期限。

透明夾鏈袋

災害前的準備

將必要糧食儲放在廚房

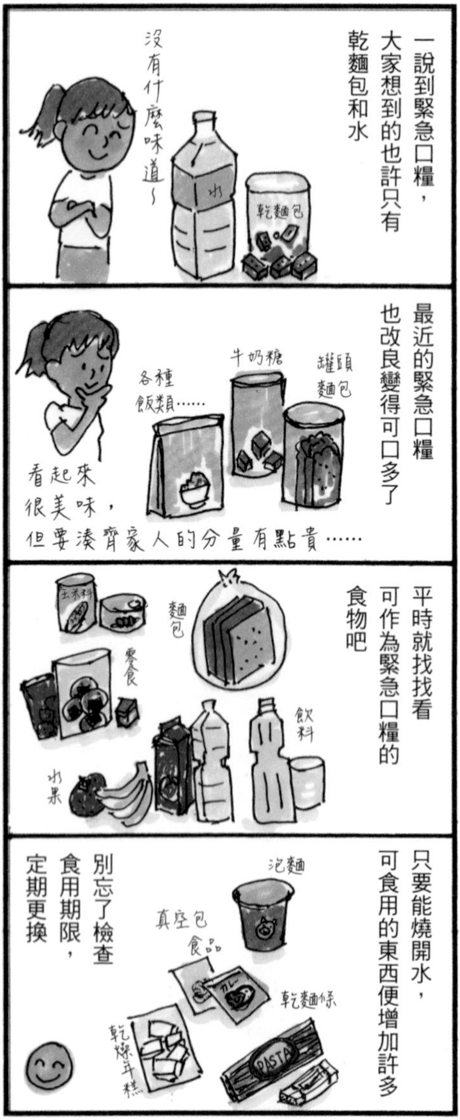
一說到緊急口糧，大家想到的也許只有乾麵包和水
沒有什麼味道～
水
乾麵包
最近的緊急口糧也改良變得可口多了
各種飯類……
牛奶糖
罐頭麵包
看起來很美味，但要湊齊家人的分量有點貴……
平時就找找看可作為緊急口糧的食物吧
麵包
零食
飲料
水果
只要能燒開水，可食用的東西便增加許多
泡麵
真空包食品
乾麵條
乾燥年糕
カレー
PASTA
別忘了檢查食用期限，定期更換

預先準備至少三天的糧食

據說大規模災害發生後，公家機關重啟運作需要三天。為防萬一，至少須準備一家人三天分量飲用水和糧食。餵母乳的媽媽，可能發生受災壓力導致母乳無法分泌的狀況。從平時就備妥適合每位家人的糧食，是很重要的。

奶粉

災害前的準備

儲備防過敏的食品

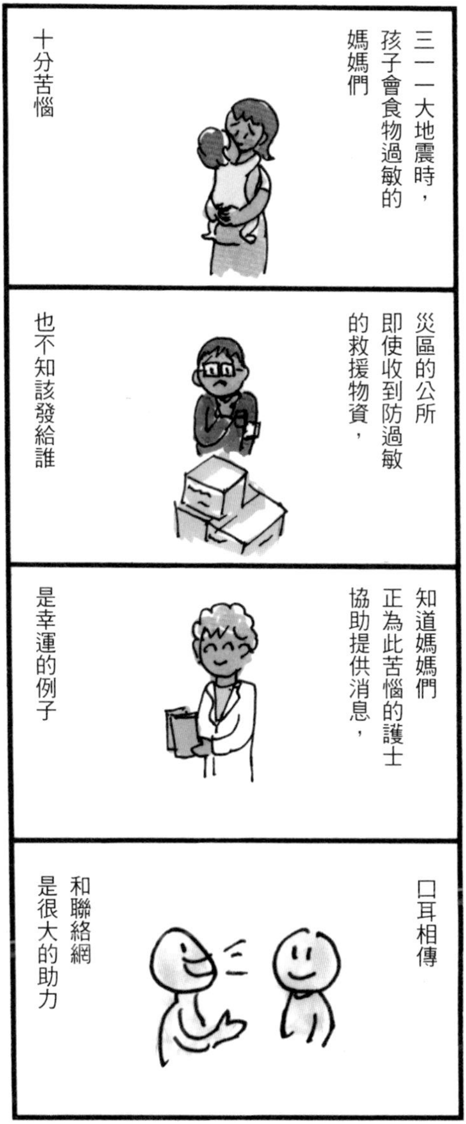
三一一大地震時，
孩子會食物過敏的
媽媽們
十分苦惱
災區的公所
即使收到防過敏
的救援物資，
也不知該發給誰
知道媽媽們
正為此苦惱的護士
協助提供消息，
是幸運的例子
口耳相傳
和聯絡網
是很大的助力

媽媽分享：孩子食物過敏

受災者中，當然也會有對食物過敏的孩子，有些甚至是攸關生死的嚴重過敏，這些孩子無法安心食用奶粉和配給等救援物資。三一一大地震時，雖有團體將防過敏專用食品送到災區，但實際上，大部分食品很難送到當事人手上。因此，建議可事先儲備自家需要的防過敏專用食品。

過敏症狀
五花八門

養成不放掉泡澡水的習慣

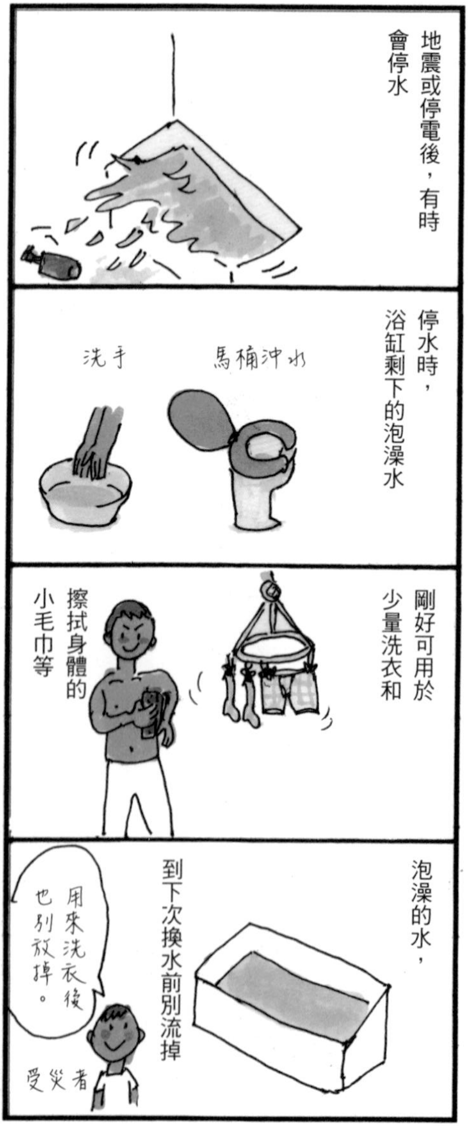

泡澡水可再利用於生活用水

我們賴以為生的不僅是飲用水，生活用水亦不可或缺。浴缸留著的泡澡水便可活用於生活用水，除沖馬桶或洗衣，有時也可用在火災時的初期滅火。只要水槽沖下的水可產生漩渦，少少水量就有清潔效果。大型災害時，由於警察和消防局等機關不但本身受到災害，還得另外處理大量的通報案件，無暇他顧，所以自己保護自身安全十分重要。

用寶特瓶養成簡單的防災習慣

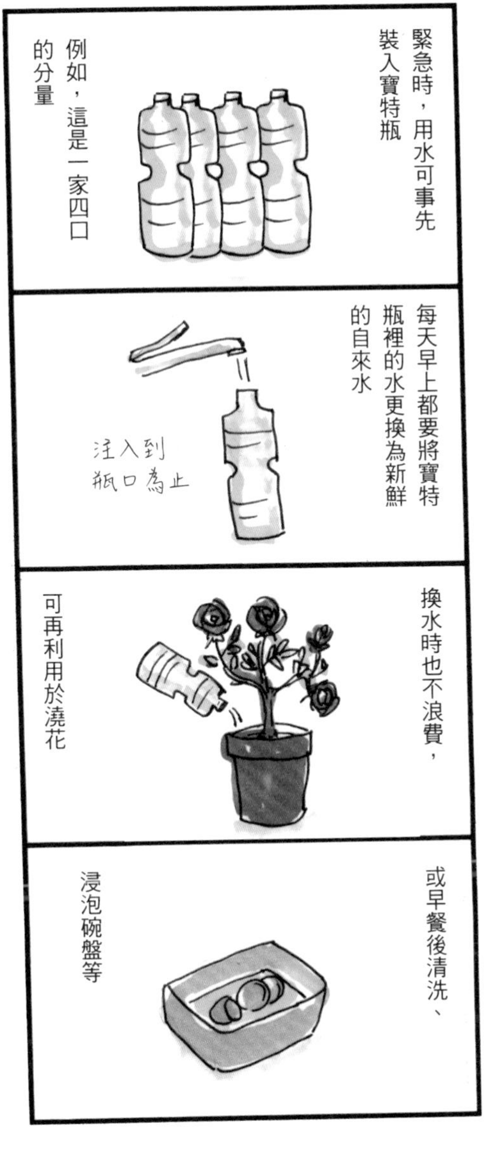

緊急時，用水可事先裝入寶特瓶
例如，這是一家四口的分量
每天早上都要將寶特瓶裡的水更換為新鮮的自來水
注入到瓶口為止
換水時也不浪費，
可再利用於澆花
或早餐後清洗、
浸泡碗盤等

隨時用寶特瓶儲備重要的水

三一一大地震發生後，店裡的礦泉水馬上一掃而空。大規模的災害一發生，商品的流通和補給容易中斷，因此平時可用寶特瓶儲備自來水。將自來水注滿到快接近瓶口再拴緊瓶蓋，是儲水訣竅；可減少與空氣接觸，延長保存期。滾過的水等已除去石灰的水不耐保存，切勿裝入。只要每天持續習慣，自然就能每天都備有新鮮儲水。

養成習慣
就不覺得麻煩

避難所的功用依種類不同

記住三種避難所

臨時避難所是可以臨時避難的廣場、公園、空地等地。廣域避難所是有大規模廣場（開放空間）的地方，例如大公園、住宅、工業區或大學等都是常被指定的地方。收容避難所則指可提供住宿、餐飲等生活機能的地方。建議繪製一份從家到避難所的地圖，並和家人一起確認。順道一提，日本房子中最適合避難的，是有柱子和牆壁圍起的浴室或廁所。

臺灣與日本的建築結構不同，廁所不一定最安全；所以在不清楚家中建築結構時，還是要第一時間，跑到外面空曠處才是上策。

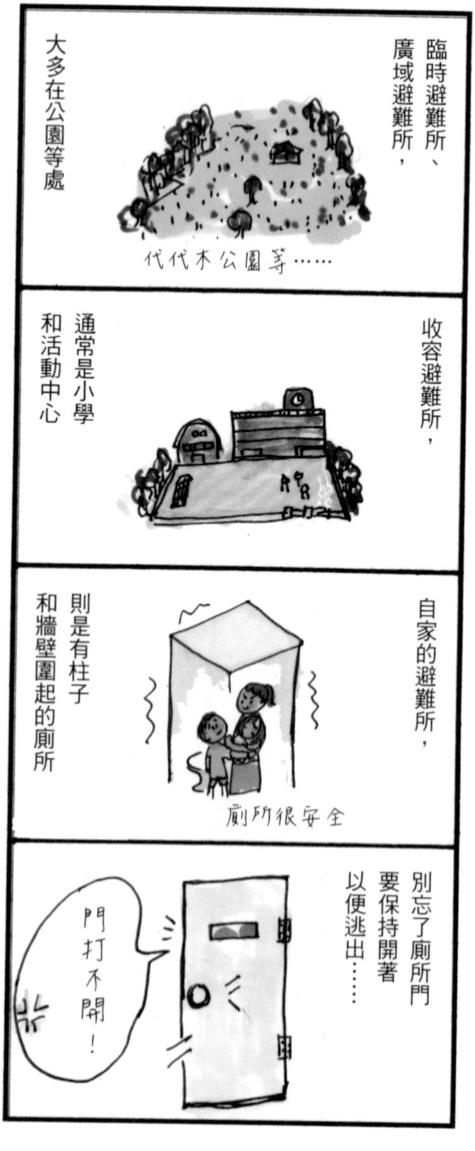
臨時避難所、廣域避難所，
大多在公園等處
代代木公園等……
收容避難所，
通常是小學和活動中心
自家的避難所，
則是有柱子和牆壁圍起的廁所
廁所很安全
別忘了廁所門要保持開著以便逃出……
門打不開！

繪製一份從家到避難所的地圖

災害前的準備

避難所有人數限制

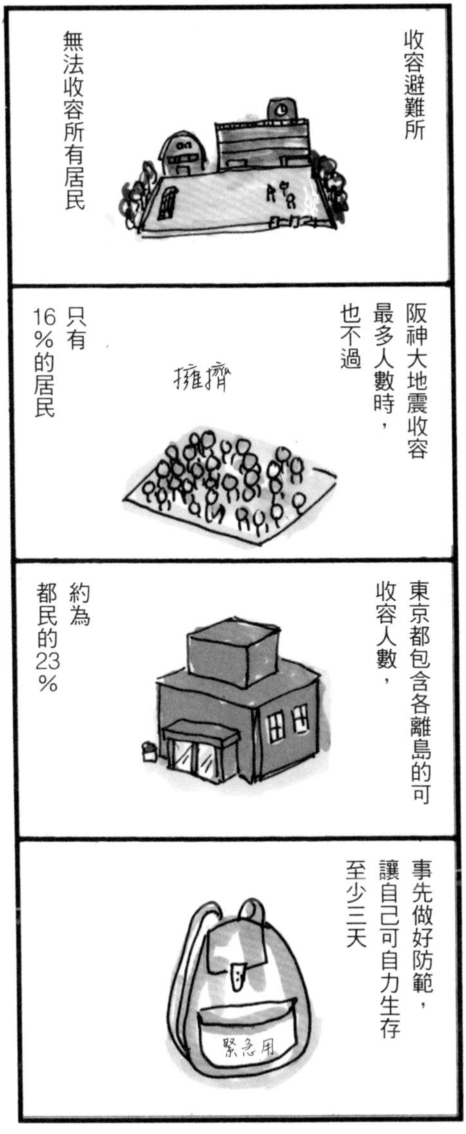
收容避難所
無法收容所有居民
阪神大地震收容最多人數時，
也不過
只有16%的居民
擁擠
東京都包含各離島的可收容人數，
約為都民的23%
事先做好防範，
讓自己可自力生存
至少三天
緊急用

優先開放給不得不使用避難所的災民

收容避難所優先開放給不得不使用避難所的災民使用，例如住宅倒塌、或有倒塌風險的居民、無法返家的人等。避難所備有棉被、糧食（乾麵包或餅乾）等物資，但有時避難所的糧食配給對象只限前來避難者。

災害前的準備

熟悉住家附近的環境

和孩子一起
邊散步
邊仔細觀察住家附近環境
和朋友遊戲的公園
街道
水泥牆
崖壁、水池、河川……
請勿在此玩耍

孩童與大人的視線不同

筆者在女兒讀小學時，曾在放學時與其他家長輪流在學區內擔任巡邏員。那時，才發現平日習以為常的環境裡，其實暗藏許多危險。例如孩子可能跌落的崖壁、泥沼、水池，和陸橋下的陰暗角落、看似要倒塌的水泥牆、有崩塌危險的銅像或石碑、充滿死角的公園……孩子最喜歡這些危險的地方。不妨一面設想「如果孩子和朋友玩耍時發生地震」的狀況，一面和孩子散步吧。

檢查是否有死角
可疑人士也要多注意

災害前的準備

事先決定緊急時的家人集合地點

將「集合地點」設在大家都知道的地方

關於「集合地點」的設定，應將地震當天可能發生的災害和交通狀況考慮在內後決定，務必選擇一個全家都知道、避難路線安全之處。避難路線決定後，和家人一起實際走走看。有時，也會發生將集合地點設在「母校的小學」，實際前往才發現已經廢校的例子。

別忘了關心鄰居

越是緊急，越需要互助

緊急時，確認自己和家人平安後，也別忘了關心鄰居，可能的話還有身心障礙者。對健康的人來說輕而易舉的事，對身心障礙者和高齡者而言，可能十分困難。此外，見到帶著幼兒的媽媽也前去問候一聲吧。在這人際關係疏遠的都市，將關心化為行動十分重要。

住家附近獨居的老婆婆
午安
為避免急難時忘記，
OK
一人負責一位對象「問候」
鄰居或住家附近有受災戶時，
有人來關心，
好溫暖～
前去問候一聲吧！
也別忘了多為身心障礙者設想

帶著幼兒的媽媽

確認住家附近的供水設備

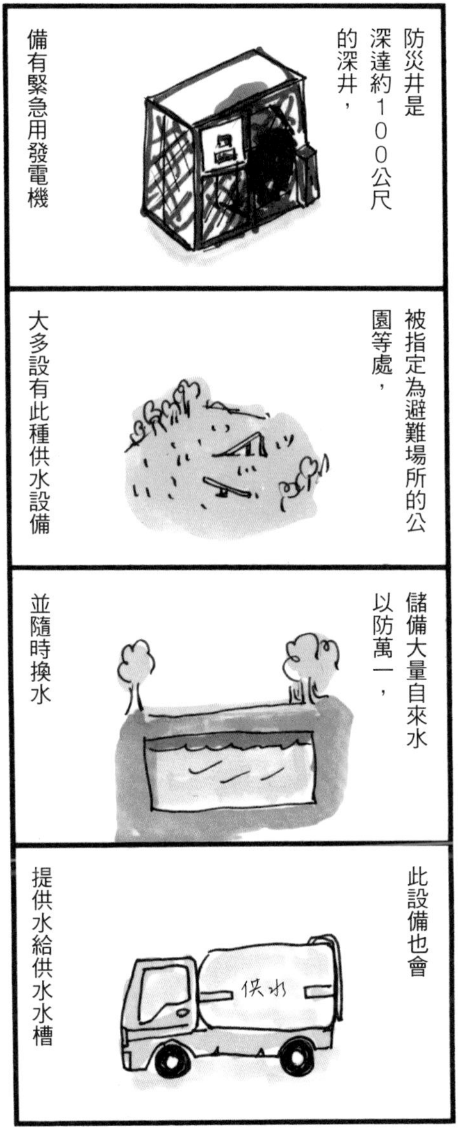
防災井是深達約100公尺的深井，
備有緊急用發電機
被指定為避難場所的公園等處，
大多設有此種供水設備
儲備大量自來水以防萬一，
並隨時換水
此設備也會
提供水給供水水槽
供水

住家附近一定有緊急供水點

為了在災害時，緊急供水給在避難所的避難民眾，日本水道局將配水池或災害用地下供水槽等處整備為應急供水據點。事先知道急難時何處可取得用水，非常重要。避難處和附近的應急供水據點一起確認吧。可在居住地區的公家單位網站查詢。

利用雙層塑膠袋、紙箱、行李箱搬水

確認防災井位置

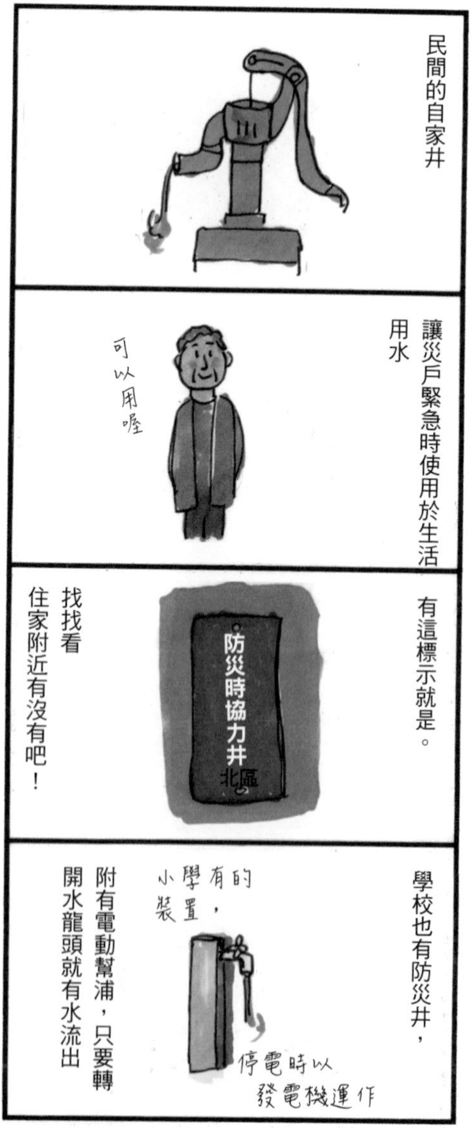

出處：日本東京都練馬區官網

可活用於廁所和清洗等生活用水

利用民間設置的迷你防災井，大多是深約九公尺、附手動幫浦的淺井。這些井口所有者與地方政府締結協定，於災害時提供生活用水。自這些防災井汲取的井水無法飲用。火災發生時，將幫浦接上井口，即可用於消防。地區和自治單位的官網等處，皆有刊載住處附近的迷你防災井位置。

但是，臺灣目前限制挖井，需特別注意。

手邊隨時準備小型防災用具

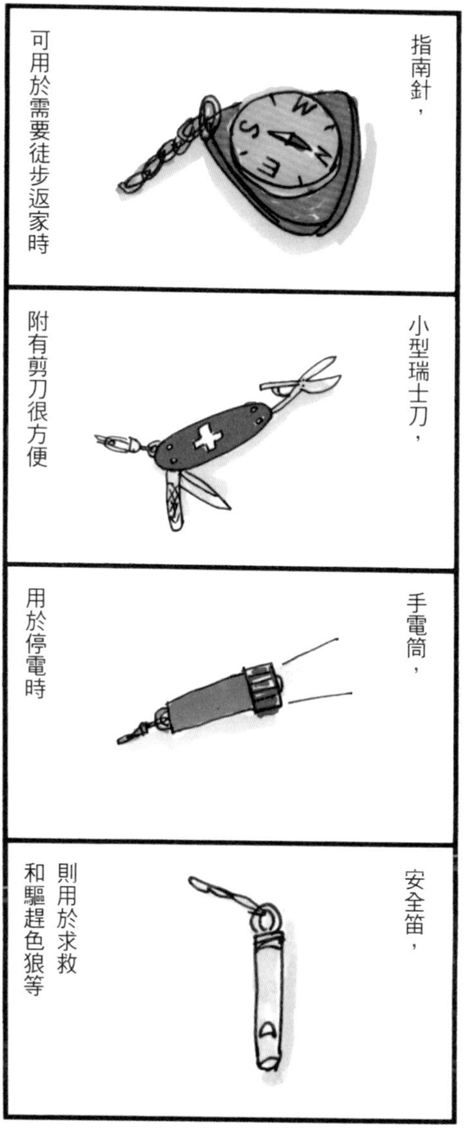
指南針，
可用於需要徒步返家時
小型瑞士刀，
附有剪刀很方便
手電筒，
用於停電時
安全笛，
則用於求救
和驅趕色狼等

選擇自身所需的防災用具

市面上販賣許多做成鑰匙圈的指南針。瑞士刀無須講究太多功能，使用方便的小型瑞士刀即可。不過搭乘飛機時，即使是小型瑞士刀也無法帶上飛機，請多注意。仔細想想自己的習慣和生活模式，再來思考受災時需要哪些東西，就比較有頭緒。例如常晚回家的女性需要手電筒和安全笛，老花眼的人可以準備放大鏡。

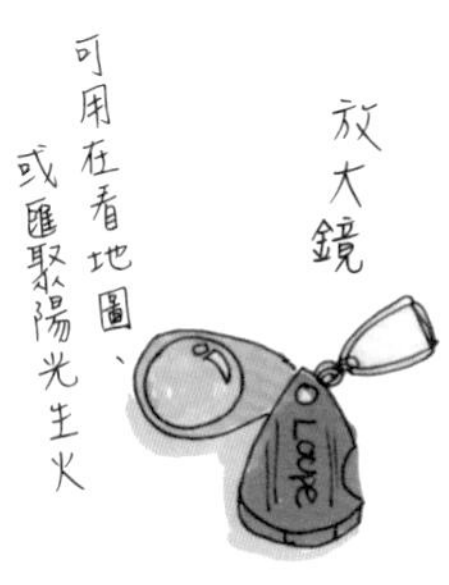
放大鏡
可用在看地圖、
或匯聚陽光生火

看看最新的防災用具

定期到大賣場探險

到大賣場等地方逛逛，會發現許多防災用品不斷推陳出新，光是看看就很有趣。選購時，如果挑了太高科技的商品，緊急時恐怕會發生「沒有說明書就不會用！」的窘況。選擇自己方便使用又具機能性的用具吧。另外，雖然不是防災用品，看護用品中，可當作攜帶式馬桶的尿布、無法洗澡時用的溼紙巾、擦身體紙巾等用品十分豐富，停水時都可派上用場。

輻射測量器

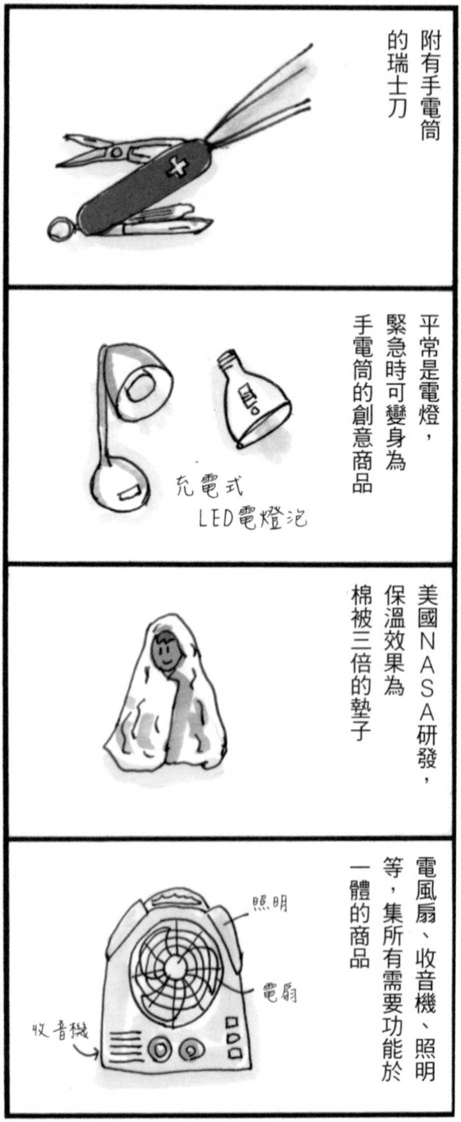
附有手電筒的瑞士刀
平常是電燈，緊急時可變身為手電筒的創意商品
充電式LED電燈泡
美國NASA研發，保溫效果為棉被三倍的墊子
電風扇、收音機、照明等，集所有需要功能於一體的商品
照明
電扇
收音機

緊急時派上用場的手轉式充電器

手轉式充電器，
因為不需要電池，
緊急時便能派上用場
雖然充電時還滿累的
滿身大汗
但能充手機的電，
十分方便
長期不用，
充電器壽命會減短，
所以記得
一年至少充電兩次

重點是手機能否充電

手轉式充電器沒有電池也可使用，許多都附有手電筒、AM/FM收音機等標準配備。另有多種種類，挑個方便使用的吧。不過，要用手轉式充電器幫手機充電，需要耗費許多體力和時間。

方便孩童使用的釣魚背心

釣魚背心有
很多口袋
幫孩子準備一件吧
口袋可放入緊急聯絡卡、寶特瓶裝水、手套、口罩、頭巾、溼紙巾……等
背心可防水，
不用擔心弄溼
可空出雙手
牽著孩子
還可以背背包

在背心口袋裡
事先放入聯絡方式

釣魚背心的好處是，可以將多種需要的小東西分門別類收好；因混亂容易走失，所以應在孩子的背心內，再放入聯絡資訊。

不過，首要之務一定是以逃命為先，除了自己，更要將老人小孩速迅帶離；切勿因為想回頭拿背心或救難包，而身陷危機，這樣反而本末倒置。

我也穿釣魚背心喔

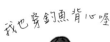

依人數準備緊急逃生包

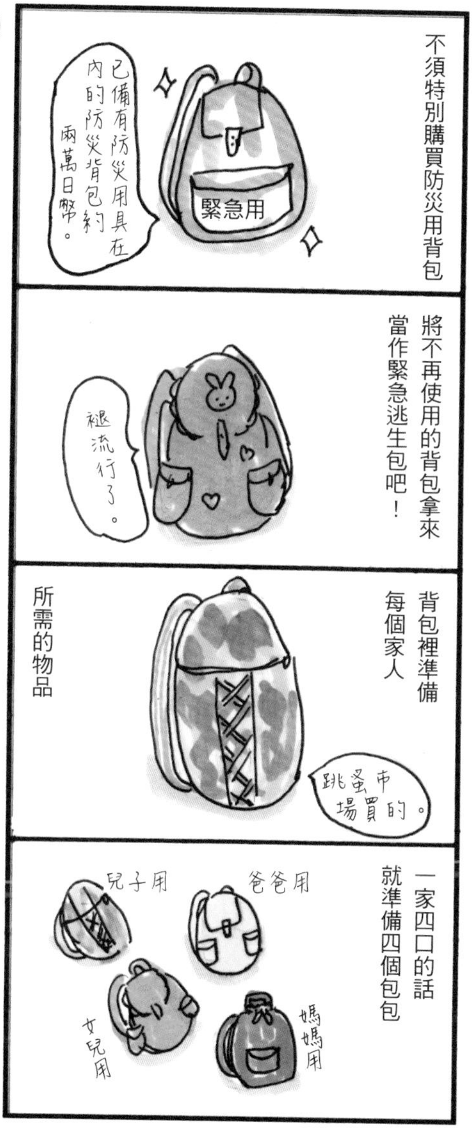
不須特別購買防災用背包
已備有防災用具在內的防災背包約兩萬日幣。
緊急用
將不再使用的背包拿來當作緊急逃生包吧！
褪流行了。
背包裡準備每個家人所需的物品
跳蚤市場買的。
一家四口的話就準備四個包包
兒子用
爸爸用
女兒用
媽媽用

自己的緊急逃生包自己管理

考量緊急逃生時的狀況，緊急逃生包的重量最好控制在五公斤左右。個人的必需品，自己負責放入緊急逃生包，切勿推給家人準備。有幼兒、身心障礙者、病患在的家庭，緊急逃生包裡的內容自然也會不同。另外，準備好的逃生包記得放在可隨時帶出門的地方。

實際背背看確認重量

緊急逃生包裡該放入什麼

緊急口糧
WATER
水
塑膠袋
卡片夾
手帕／手巾
手轉式充電器
貼身衣物
面紙
醫藥品
貴重物品
BANK
打火機
手機
火柴
健保卡
現金
眼鏡
有嬰兒的家庭需要
奶粉
水
奶瓶
紙尿布
衛生棉
每個家人的
必備品都不同

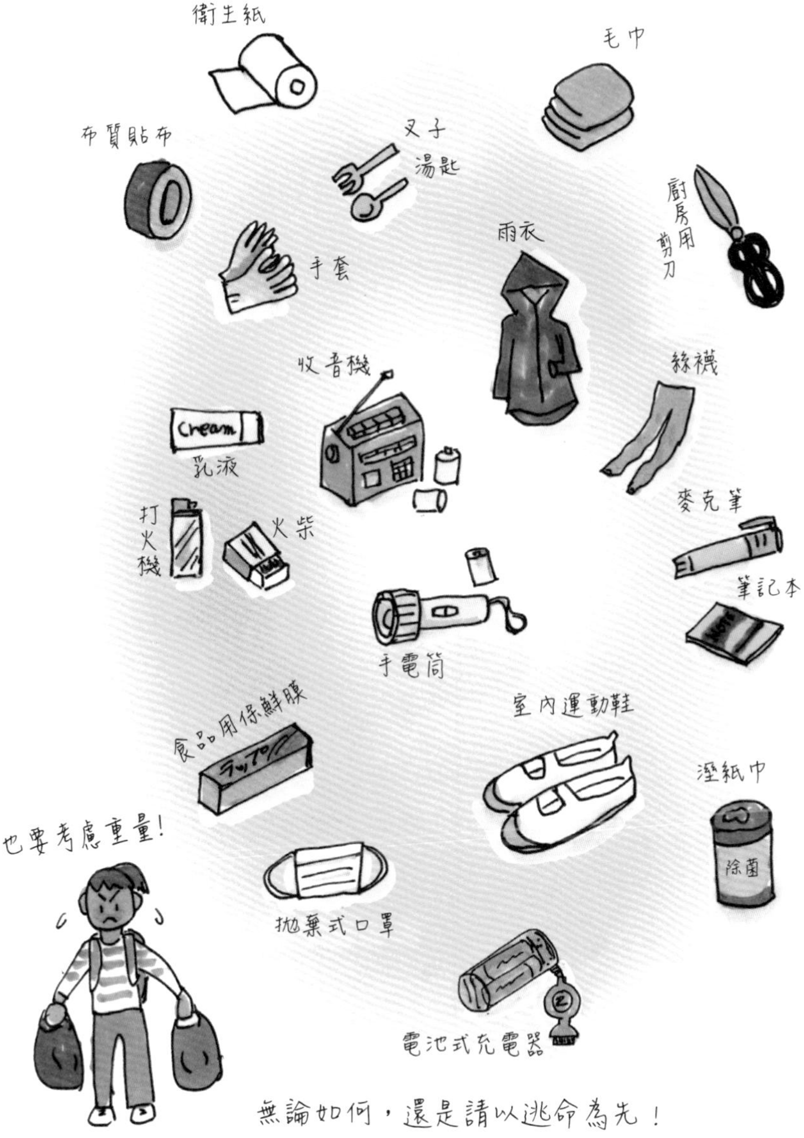
衛生紙
毛巾
布質貼布
叉子
湯匙
廚房用剪刀
雨衣
手套
收音機
絲襪
Cream
乳液
打火機
火柴
麥克筆
筆記本
手電筒
食品用保鮮膜
室內運動鞋
溼紙巾
除菌
也要考慮重量!
拋棄式口罩
電池式充電器
無論如何，還是請以逃命為先！

事先瞭解地震險

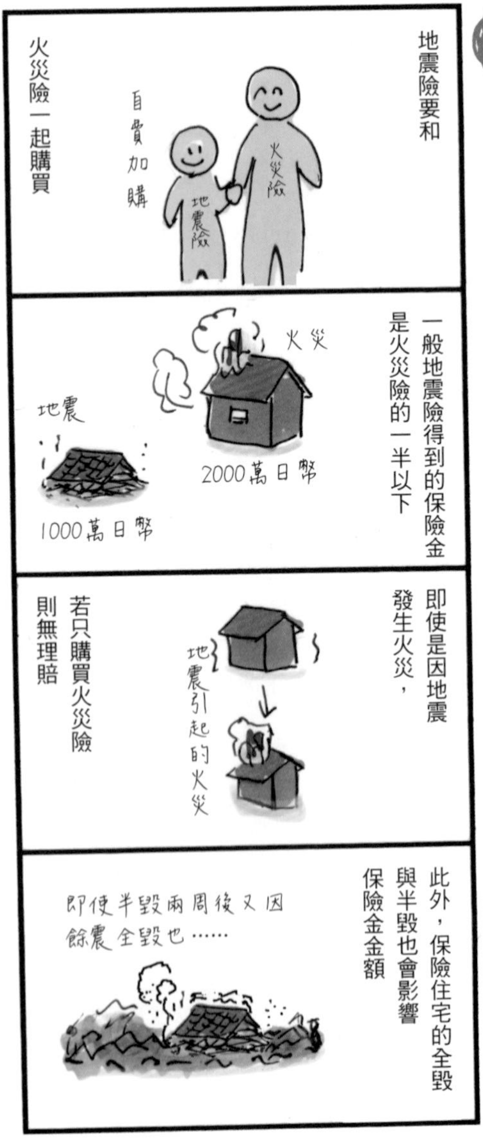
地震險要和
火災險一起購買
自費加購
火災險
地震險
一般地震險得到的保險金
是火災險的一半以下
火災
2000萬日幣
地震
1000萬日幣
即使是因地震
發生火災，
若只購買火災險
則無理賠
地震引起的火災
此外，保險住宅的全毀
與半毀也會影響
保險金金額
即使半毀兩周後又因
餘震全毀也……

注意
地震險與火災險的不同

近來，人們對地震險的注目度日益提高。地震險的內容主要是火災險無法理賠的如地震、火山爆發、海嘯等原因導致的損害。不過，切記事先確定理賠條件。曾有投保火災險的災民，想申請地震發生半天後發生的火災保險金，卻被以沒加入地震險的理由而被拒絕。所以務必事先向保險公司確認。

在臺灣，一般說來半毀比全毀更嚴重，因為半毀的危樓還得用重機械打掉。

詳情請洽
保險公司！

災害前的準備

不會爆胎的腳踏車協助緊急移動

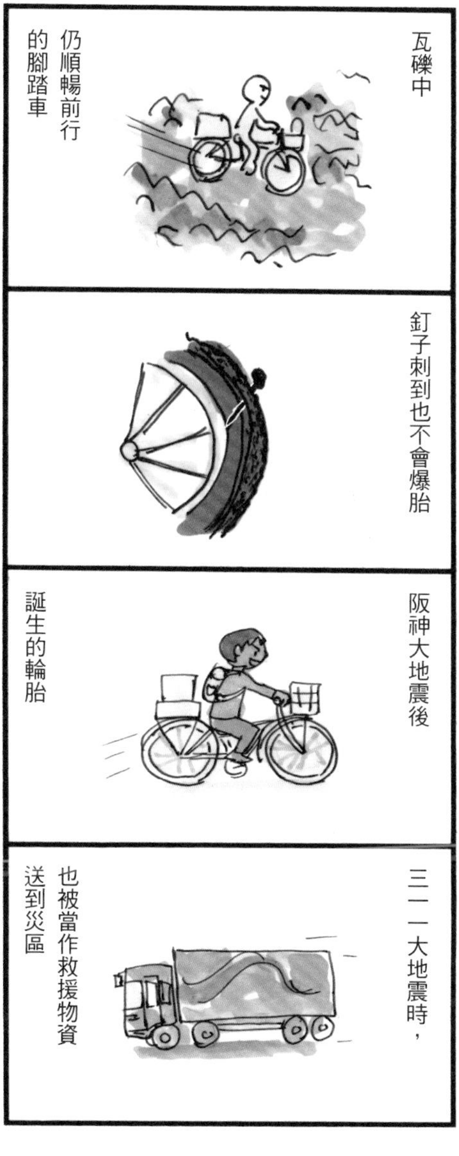
瓦礫中
仍順暢前行
的腳踏車
釘子刺到也不會爆胎
阪神大地震後
誕生的輪胎
三一一大地震時，
也被當作救援物資
送到災區

刺到釘子也不會爆胎的輪胎

重大震災後，公共交通機關癱瘓、建築物倒塌和掉落物等原因，將導致道路狀況不佳，車輛無法通行。那時災民的移動方式多為腳踏車，卻因路上異物造成許多腳踏車爆胎。在此狀況下仍活躍於災區的，便是刺到釘子也不會爆胎的腳踏車。目前，此車款已改良到和一般腳踏車一樣舒適，並於市面販售。另外，也可直接更換車輪。

謝謝！

預防水族箱漏電危險

使用防止空燒的偵測器

平時就多注意插座周遭是否漏水或堆積灰塵，地震可能讓水族箱打翻、讓加溫器空燒。甚至空燒的加溫器會讓周圍的東西加熱，進而有火災發生之虞。此外，若有餘震等原因可能造成水溢出時，也事先降低水族箱水位吧。最好加裝自動斷電器，避免火災。

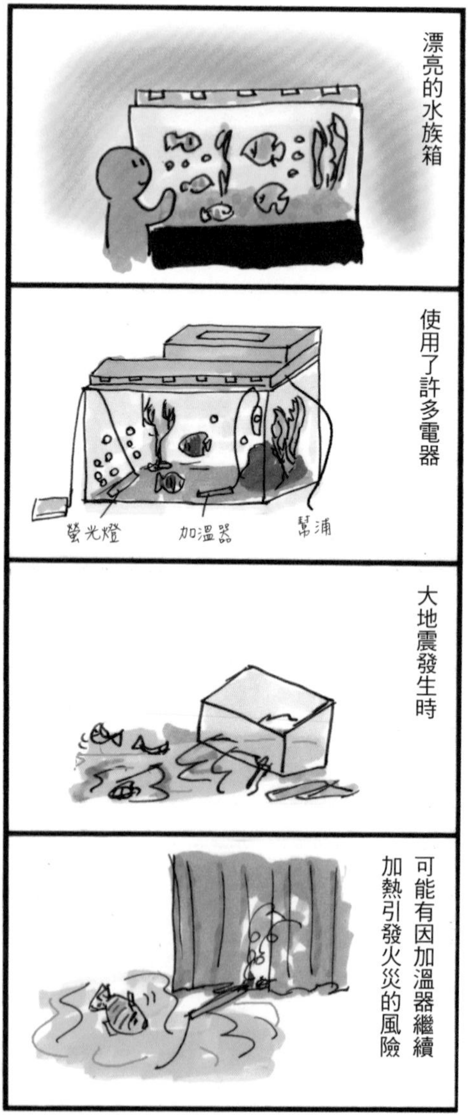
漂亮的水族箱
使用了許多電器
螢光燈
加溫器
幫浦
大地震發生時
可能有因加溫器繼續加熱引發火災的風險

各式耐震避難設計

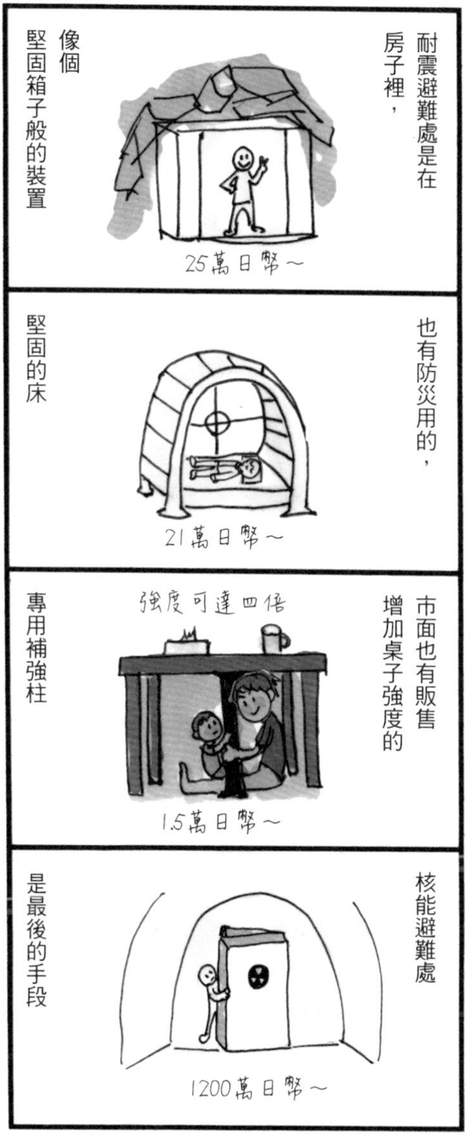
耐震避難處是在
房子裡，
像個
堅固箱子般的裝置
25萬日幣～
也有防災用的，
堅固的床
21萬日幣～
市面也有販售
增加桌子強度的
專用補強柱
強度可達四倍
1.5萬日幣～
核能避難處
是最後的手段
1200萬日幣～

在耐震避難處安心睡覺

所謂的耐震避難處，指的是即使住宅因地震毀壞，也能確保寢室等休息處能有一定的空間、保護生命的裝置。無法大工程進行建築物的耐震改修時，便可考慮這種耐震避難處的裝備。它可在固有的住宅內設置，和一般工程或耐震改修工程比較，短時間內即可裝設完成也是特徵之一。

有些地方政府
會提供補助金

2

地震發生時

無法回家時不要勉強

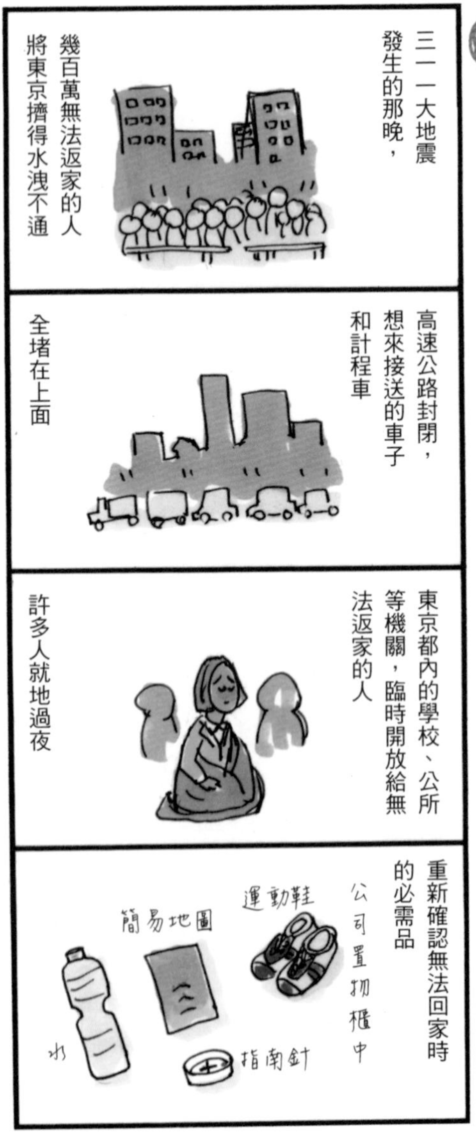
三一一大地震發生的那晚，
幾百萬無法返家的人將東京擠得水洩不通
高速公路封閉，想來接送的車子和計程車
全堵在上面
東京都內的學校、公所等機關，臨時開放給無法返家的人
許多人就地過夜
重新確認無法回家時的必需品
公司置物櫃中
運動鞋
簡易地圖
水
指南針

隨時蒐集新訊息

三一一大地震當天，東京首都圈因交通癱瘓而陷入大混亂。鞋店被購買運動鞋的人塞得水洩不通，腳踏車店也擠滿客人，便利商店的便當售罄。另一方面，放棄回家的人們則湧到居酒屋殺時間。但請仔細想想看，假若換成炎夏白天時停電了，該怎麼辦？想像一下，就知道那是十分危險的。緊急時若身在安全無虞之處，請不要強行返家，持續蒐集新的消息再判斷。

因餘震不斷，
背著背包
通勤的女孩

地震發生時

保護頭頸部的重點在於手腕

務必要保護自己，
避開空中落下的掉落物！
但遇到緊急時刻，
身體常變得無法動彈
至少，
用包包等物品
手腕朝向內側
留出空間
先保護頭頸！
重點是手腕的方向！
先練習看看吧！

用手邊或附近的東西保護頭頸部

地震來襲時，快躲到書桌底下保護頭頸部！從小學起的避難訓練都練習過吧？但實際上發生地震時，身邊大部分都沒有書桌。外出時若遇到地震，請移動到安全場所，並用手邊有的東西保護頭頸部。保護頭頸部的東西和頭頸部間留出空間，並將手腕朝向內側，便可預防掉落物帶來的衝擊。

保護頭頸部的
防災頭巾

地震發生時

確認逃生出口

避免被建築物傾斜和倒落家具困住

地震造成的住宅傾斜，可能導致家中門窗無法開啟。尤其若是住在如大廈等集合住宅區，因出入口少，要優先確認避難路徑。曾有朋友如廁時發生地震，廁所門前的家具倒落，讓他被困在廁所內動彈不得。所幸最後逃了出來，但聽說也花了三小時。平常便應將玄關附近清理好，檢查有無東西妨礙避難動線。

地震搖晃停止後，
先確認瓦斯開關
關緊瓦斯總開關
打開玄關等門扇，
以確保避難路徑
因為可能發生
因建築物歪斜，
導致
門扇變得
無法打開的困境

擺放門前的
家具也需檢查

地震發生時

「不馬上逃到戶外」的原則需視時間地點調整

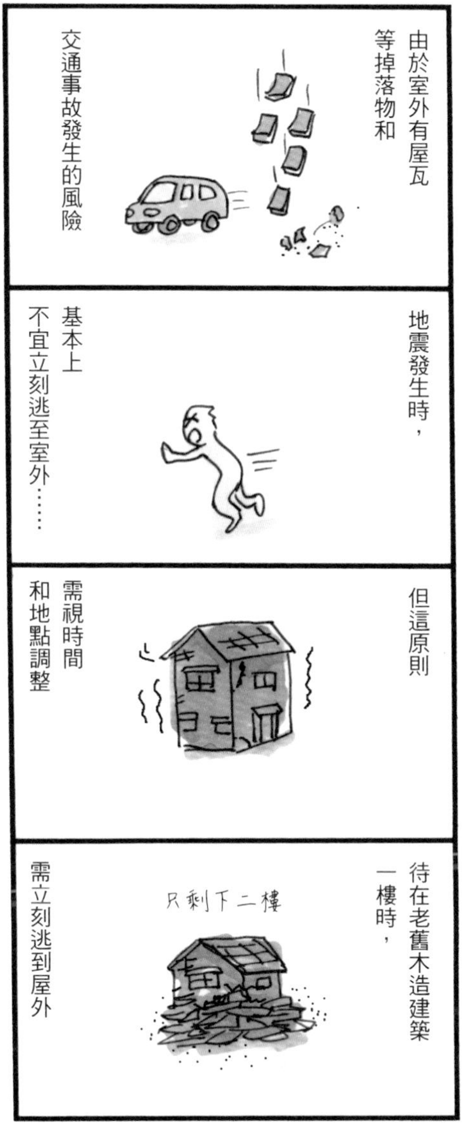
由於室外有屋瓦
等掉落物和
交通事故發生的風險
地震發生時，
基本上
不宜立刻逃至室外……
但這原則
需視時間
和地點調整
待在老舊木造建築
一樓時，
只剩下二樓
需立刻逃到屋外

老舊木造家屋有壓死人的風險

阪神大地震時，許多建築物全倒或半倒，六千四百三十四名死者當中，大多數死因都是壓死，即遭木造住宅活埋而過世。身處老舊木造家屋中時，若感到未曾有過的異樣搖晃，便要趕快到屋外避難。

先判斷自己
現在身在何處

地震發生時

確保腳邊的安全

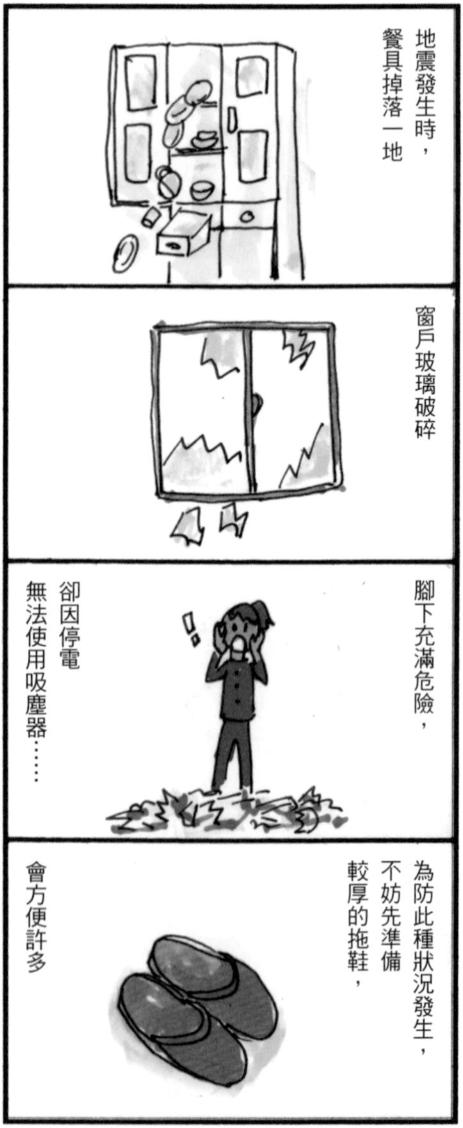

地震發生時，
餐具掉落一地
窗戶玻璃破碎
腳下充滿危險，
卻因停電
無法使用吸塵器……
為防此種狀況發生，
不妨先準備
較厚的拖鞋，
會方便許多

避難時不讓自己受傷十分重要

地震，當然也會在半夜發生。許多朋友都曾在黑暗、混亂的屋內，腳掌受了傷。若是平常，也許這不是什麼嚴重的傷口，但重大災難時，會缺水、無法就醫、也無法跑動，晚上也只能任憑傷口發痛……當然，對之後的避難生活也會有影響。

自阪神大地震受災後，
枕邊都會準備
一雙運動鞋

務必關上電源總開關後再避難

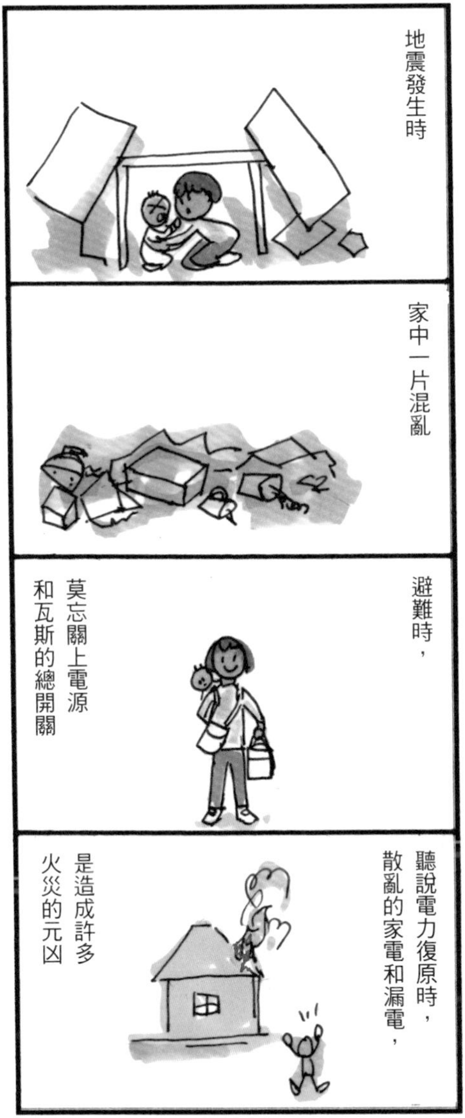
地震發生時
家中一片混亂
避難時，
莫忘關上電源
和瓦斯的總開關
聽說電力復原時，
散亂的家電和漏電，
是造成許多
火災的元凶

持續長時間使用的電器多為火災原因

家中是否有不少插頭鮮少拔起來的家電？避難時，務必將電源總開關關上。熨斗、電暖爐等，即使是沒有在使用的電器，線路也可能因地震毀損，線路上的灰塵導致短路而引發火災。當然，返回家中後，記得先確定電器的電源已切斷，再打開總電源。

總電源完全關掉

萬一被埋困在瓦礫堆中

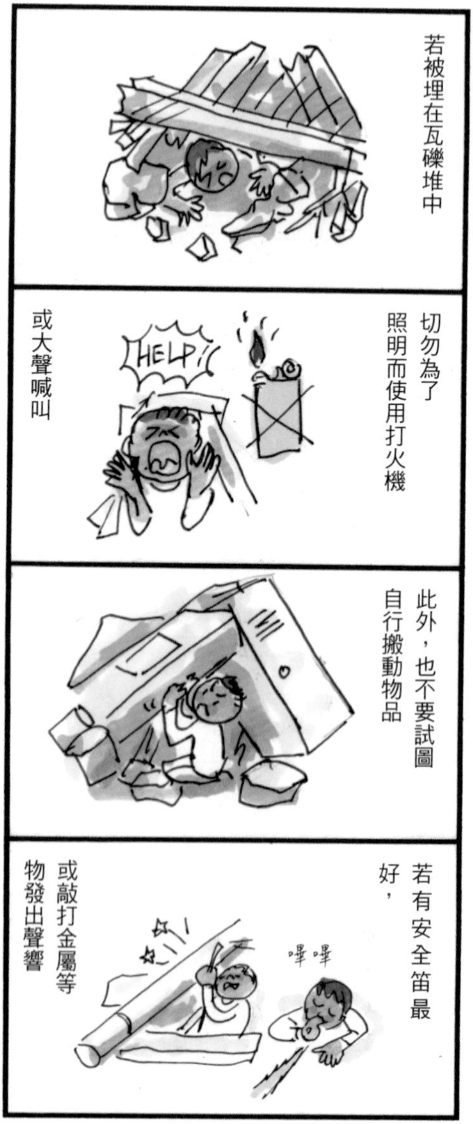

若被埋在瓦礫堆中
切勿為了照明而使用打火機
HELP!
或大聲喊叫
此外，也不要試圖自行搬動物品
若有安全笛最好，
嗶嗶
或敲打金屬等物發出聲響

讓別人知道自己存在最重要

請特別注意，切勿自行搬動身邊的瓦礫。因為有可能發生搬動造成更大崩落的危險！為了讓其他人知道自己身處何處，請先試著敲打管線之類的東西！大聲喊叫只會消耗體力，把這當作最後的手段。穿過瓦礫間狹窄縫隙時，記得將外套和飾品等物脫下，逃脫途中小心別被卡住。

救援行動中的
沉默時刻
寂靜無聲

地震發生時

確立災難時接送孩童的原則

地震發生時
到操場避難
家長來到學校，
校方將小孩交給家長
但當家長也無法返家時，
由誰去接孩子也須事先決定
祖母
身分證件

接送小學生，原則上僅限親屬

小學和幼兒園舉行的防災訓練，方法各自不同。建議可和孩子一起參加學校的防災訓練，事先知道相關守則。例如有些小學對緊急時要來接學生的學生親屬，採取事先登記制，有些幼兒園則只限持有「接送卡」的已登記親屬。請設想大地震時發生返家困難的狀況，事先和家人及親戚擬好應對方式。

人們在學校中
靠著一條棉被
度過一夜

地震發生時

提供水、廁所、資訊的返家支援站

三一一大地震當天，
東京首都圈
的交通癱瘓
人行道被無法回家
的人們擠得水洩不通
這時，最煩惱的，
是口渴和上廁所的問題
在返家支援站
可以借廁所也可以喝水
也可以或獲得
相關的避難訊息
可認明入口處，
張貼的標章
災害時には、徒歩帰宅する皆様を支援します。
災害時帰宅支援ステーション
During a natural disaster, we will assist those who have to walk home.

平常常去的地方也許就能提供援助！？

所謂的返家支援站，指的是主要設在大都市圈「支援首都圈內靠徒步返家者」的支援設施之一。返家支援站會提供自來水、廁所、災害資訊，例如便利商店、加油站、家庭式餐廳、速食餐廳、加油站等，都可變身為返家支援站。有標誌的店，大概都會貼在各店鋪入口等處。此外，像公立學校等場所也可能成為返家支援站。

三一一當晚，
有些民宅門口上就
掛著這樣的牌子

可以
借廁所

地震發生時

記住災害時留言專線的使用方法

災害用留言電話，
可於地震等
災害發生時使用
各種通話器
都可以撥打
公共電話
手機
室內電話
錄音留言時……
撥171，
依語音指示按1，
接著依語音指示……
我沒事！
聽取留言時……
撥171，
依語音指示按2，
接著依語音指示……
呼～
我沒事！

全家人都要學會使用

地震等災難發生，難以和災區通話時，這個服務便會啟動。

・留言錄音時間
→一通留言三十秒以內
・留言保存時間
→錄音結束後四十八小時內（體驗使用時為六小時）
・留言數量
→一個電話號碼可留一至十通留言（提供時會告知）

此服務有提供體驗使用日，可事先練習。

「171」的諧音是「不在」，建議可事先記起來。臺灣則由內政部消防署，成立「1991」報平安留言平台，可透過網路與電話留言，讓家人得知自己的消息。建議可以先行上網確認相關操作細節。

各家電信公司也
開設了留言板服務

地震發生時

用社群網站確認安全

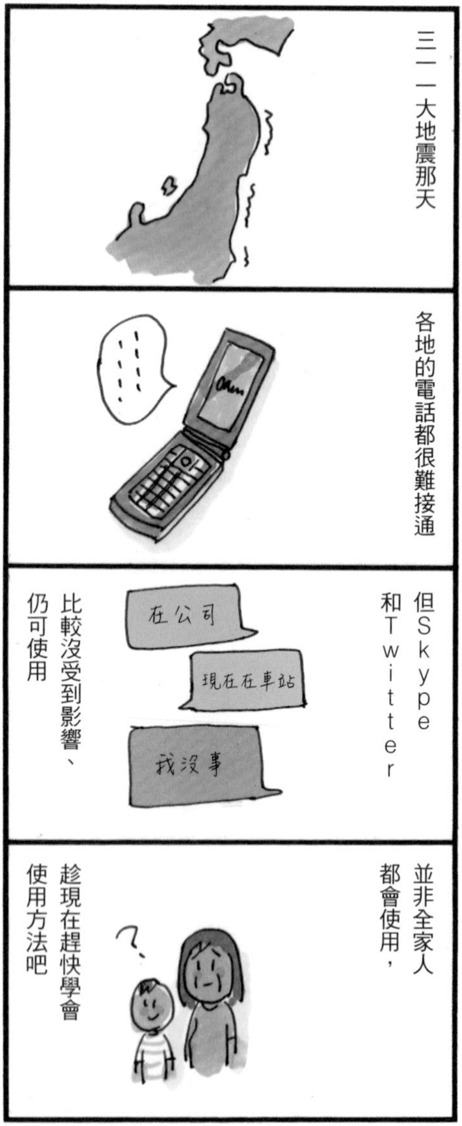
三一一大地震那天
各地的電話都很難接通
但Skype和Twitter
比較沒受到影響、
仍可使用
在公司
現在在車站
我沒事
並非全家人都會使用，
趁現在趕快學會
使用方法吧

學習Twitter的使用方法

Twitter（推特），是一種將現況等資訊即時分享至網路的免費服務，災害時，是十分有效的工具。假設女兒平常就有在用Twitter，此時媽媽只要事先知道女兒的帳號、懂得如何看到「女兒的Twitter」，便可即時掌握現況。知道這功能，就又增加一個和家人聯繫的方法。臉書也是可使用的社群軟體。

三一一當天，
在加拿大的女兒是
第一個聯絡上的。

沒事吧!?

地震發生時

以遠方地點當作緊急時聯絡據點

地震等重大災難時，
手機無法接通
打到災區的市話
擔心
災區
也很難接通
但若打給災區外的區域，
OK
會比較好接通
此時可利用三角聯絡法
進行安全
確認
他（她）說沒事
我沒事
我沒事

用三角聯絡法確認安全

請想像工作中遇到大地震等災難的情景。此時若可以確認家人安全，心理壓力也可減少不少。而這種心理，家人也是一樣。平常就先約定好如何確認安全的聯絡網絡，建議可決定電話、電子郵件、三角聯絡法、災害用留言電話等使用的先後順序，事先決定聯絡方法。

地震發生時

各種場所的地震對策

電影院和劇院

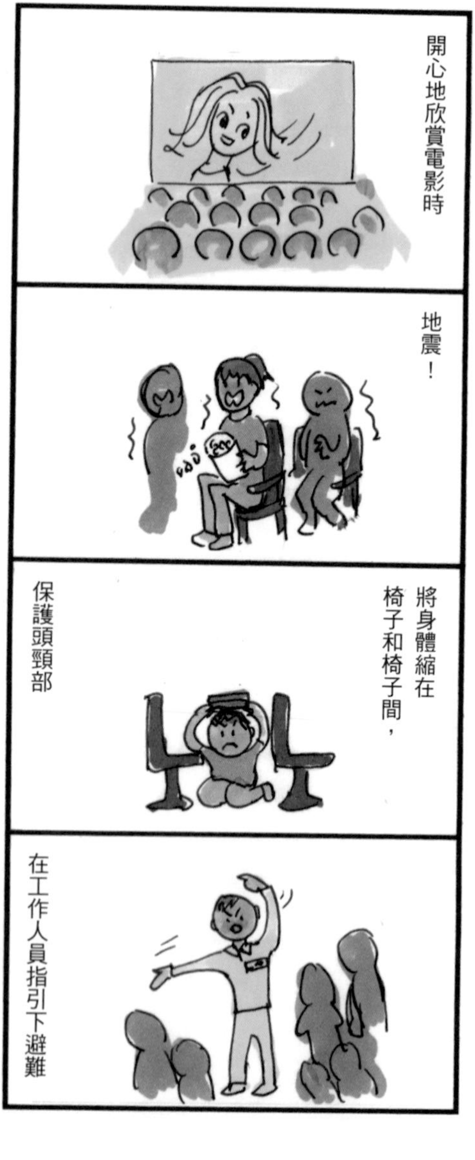
開心地欣賞電影時
地震！
將身體縮在椅子和椅子間，
保護頭頸部
在工作人員指引下避難

注意天花板的掉落物，切勿慌亂

用包包等物保護頭頸部，並將身體縮在座椅間直到搖晃停止。停電時，還是會有指示燈和緊急用照明，勿慌亂，遵照人員指示。此外，也別爭先恐後衝到出口或樓梯。事先確認避難出口會安心許多。

萬一天花板
崩塌也有支撐

地震發生時

各種場所的地震對策 KTV包廂等

若是在封閉場所，要設想最糟狀況

在KTV包廂或酒吧等封閉空間遇到地震時，務必先將門保持打開狀態，並一邊注意頭上狀況，一邊在房間內等待。原則上，最好依照店員引導避難。但若遇到地震引發火災，則十分危險；過去曾發生店家未確實避難引導，造成客人被濃煙嗆死。我們前往的店家不一定有「能確實引導避難的店員」，所以仔細觀察眼前狀況，發生火災也請勿慌亂，靠自己的判斷快速避難。養成入店前先確認逃生出口的習慣，應可安心不少。

在KTV包廂
或酒吧、
居酒屋
租書店等
封閉場所時
若發生地震
應確保逃生路徑，
一邊保護頭頸部
一邊觀察狀況
地震引發火災
是最危急的狀態，
靠自己的判斷
立刻避難

該不會又是誰的惡作劇吧～

地震發生時

各種場所的地震對策 海岸邊

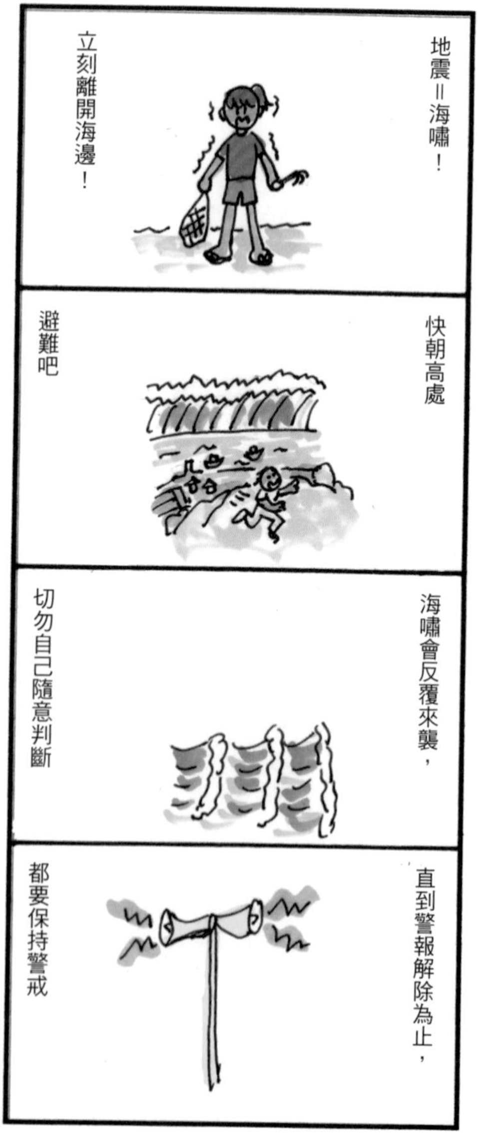
地震＝海嘯！
立刻離開海邊！
快朝高處
避難吧
海嘯會反覆來襲，
切勿自己隨意判斷
直到警報解除為止，
都要保持警戒

即便有金氏紀錄級的堤防也不可大意！

百年之內就曾發生南亞大海嘯和智利大地震等等，從地球歷史來看，靠過去數據做的假設似乎不具意義，因為人類面對的是「地球」。即便是被稱作萬里長城一般的堤防，最終帶給人們因「安心」而犯下的「大意」。希望大家銘記：自然界不存在人類妄下的「絕對」兩個字。如果真有所謂絕對安全，也沒必要再做防災訓練啊……

有堤防在
絕對沒問題。
不可能淹到
這裡來啦！

地震發生時

各種場所的地震對策　山上

注意落石和土石滑落

依山的地形不同，危險度也大有差異。河谷地形要預防土石流和落石，爬上山脊的方向較安全。若是危險的登山道，蹲低身子、小心滑落，並一邊注意落石一邊緊抓大岩石和木頭。因為大地震後走山、山崩、橋毀路斷，很難確認安全路徑，要特別小心。

在山上遇到地震時
要遠離山壁
到平坦安全的地方避難
發生規模較大的地震時，
大部分的山都會崩塌

選擇安全路徑
下山吧！

地震發生時

各種場所的地震對策 公司

在公司時，
遠離窗邊
龜裂
地震來了！
首先，保護頭頸部
小心可移動的機器
切勿使用電梯！
迅速避難

有滾輪的沉重機器可能變成凶器！

公司應該是在比較牢固的建築物中，所以冷靜地行動吧。因玻璃有破裂可能，所以必須趕快離開窗邊。文件櫃、寄物櫃、有滾輪的影印機等要特別小心。地震帶來的劇烈搖晃比較穩定後，便要確認辦公室內的安全和火災預防等，之後盡快避難。

地震那晚，
頭戴安全帽回家的OL

各種場所的地震對策

地下街

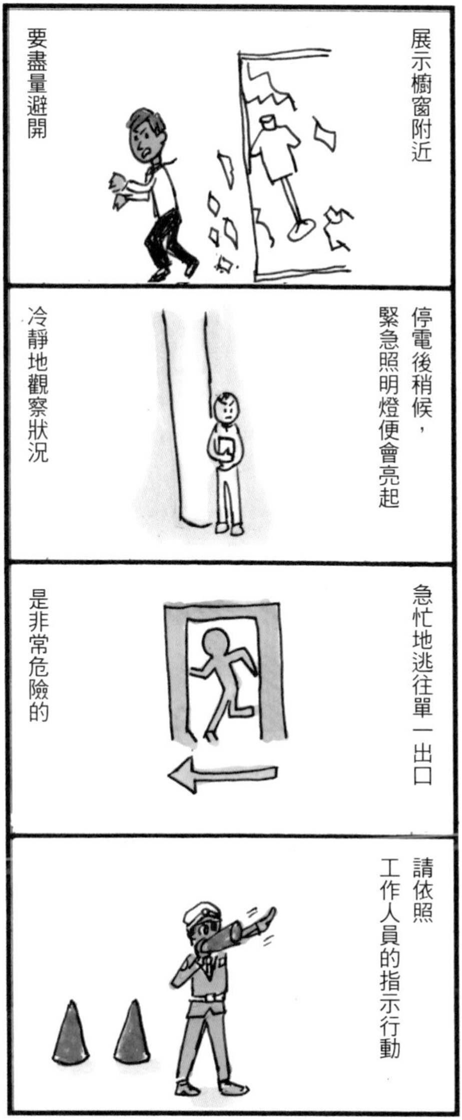
展示櫥窗附近
要盡量避開
停電後稍候，
緊急照明燈便會亮起
冷靜地觀察狀況
急忙地逃往單一出口
是非常危險的
請依照
工作人員的指示行動

只要不慌張，地下街其實很安全

地下街的構造十分牢固，所以別慌張，靠在粗壯柱子和牆壁旁觀察。最可怕的是火災引起的恐慌，若發生火災，冷靜地和身邊的人合作滅火。避難時，縮著身體並用手帕遮住口鼻，沿著牆壁避難。地下街有許多出口，冷靜地找較空的出口。另外，就算好不容易走到緊急逃生口，也不要立刻衝出室外，務必先確認狀況後再動作。

各種場所的地震對策 電車中

冷靜地聆聽車內廣播

電車一遇到強烈搖晃會緊急剎車。若坐在座椅，將身子壓低並以包包等物掩護；若是站著，則緊握把手或吊環以免跌倒。停駛後，請依照站務員指示行動。依時間和現場狀況，自己判斷並互相幫助。

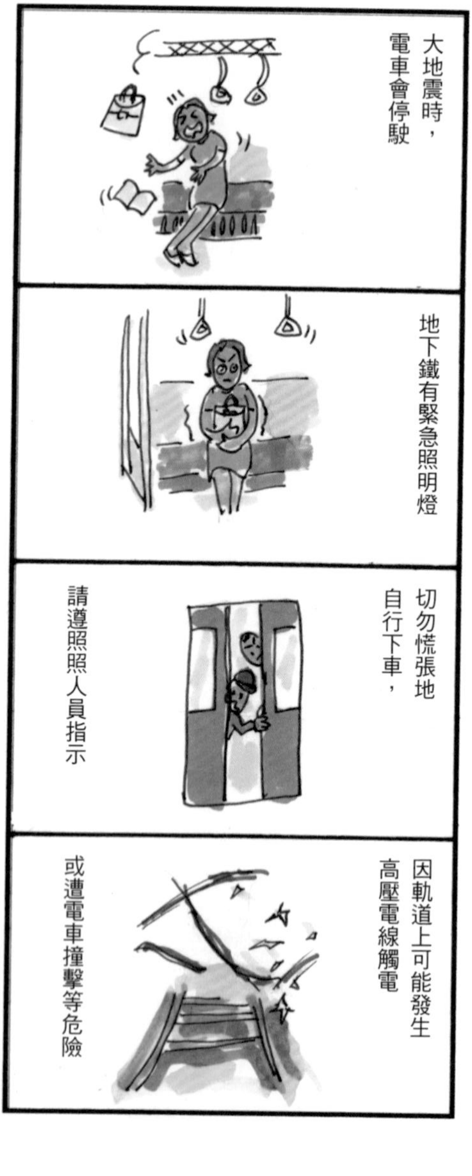
大地震時，
電車會停駛
地下鐵有緊急照明燈
切勿慌張地
自行下車，
請遵照照人員指示
因軌道上可能發生
高壓電線觸電
或遭電車撞擊等危險

搭乘交通工具遇到危險，
請勿慌張，依照指示、
冷靜判斷。

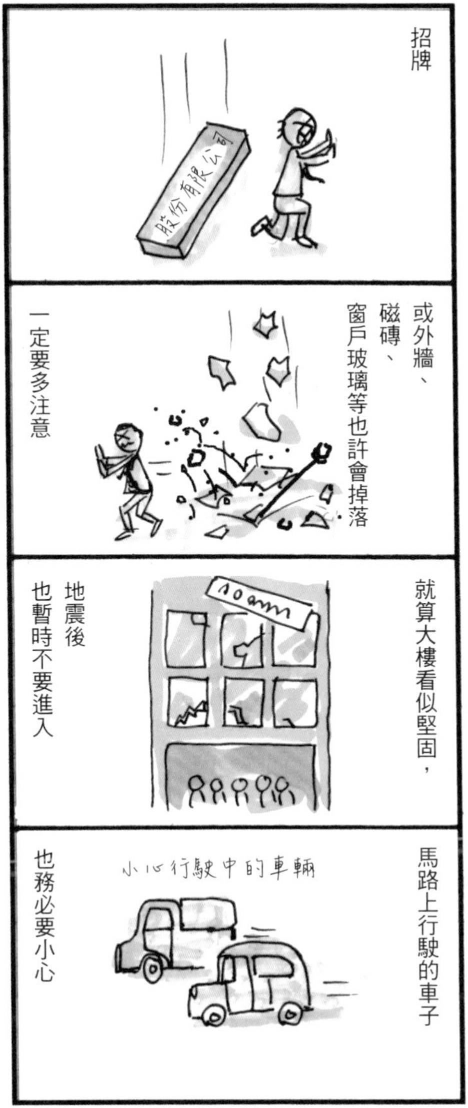
招牌
股份有限公司
或外牆、磁磚、窗戶玻璃等也許會掉落
一定要多注意
就算大樓看似堅固，
地震後也暫時不要進入
馬路上行駛的車子
小心行駛中的車輛
也務必要小心

注意頭頂的掉落物

地震發生時的大街，空中掉下招牌和玻璃、人們奔逃街頭的畫面，相信大家在電視上都看過吧。玻璃掉在水泥上粉碎四散，避開危險的步道逃到大馬路上，也可能發生撞上行駛中車輛的嚴重事故。所以不只是頭上、行駛中的車輛也要特別注意。應立刻到空曠處避難，並遠離建築物。

斷掉的電線
也要小心

地震發生時

各種場所的地震對策 洗澡時

洗澡時
若發生地震
由於浴室有牆圍著，
且不會有東西從屋頂掉落
所以算是比較安全
搖晃較和緩後，
穿上衣服避難
不穿衣服很危險
浴缸裡的水，
當然也別流掉

「裸體」是最危險的

地震發生不分時間地點，若在洗澡時遇到地震，首先要先確保逃生出口。搖晃強烈時，先暫時靜觀其變。另外，也務必小心鏡子和玻璃破碎造成的傷害。裸體時跌倒非常危險，搖晃停止後趕快穿上衣服。

務必將門打開

地震發生時

各種場所的地震對策 開車時

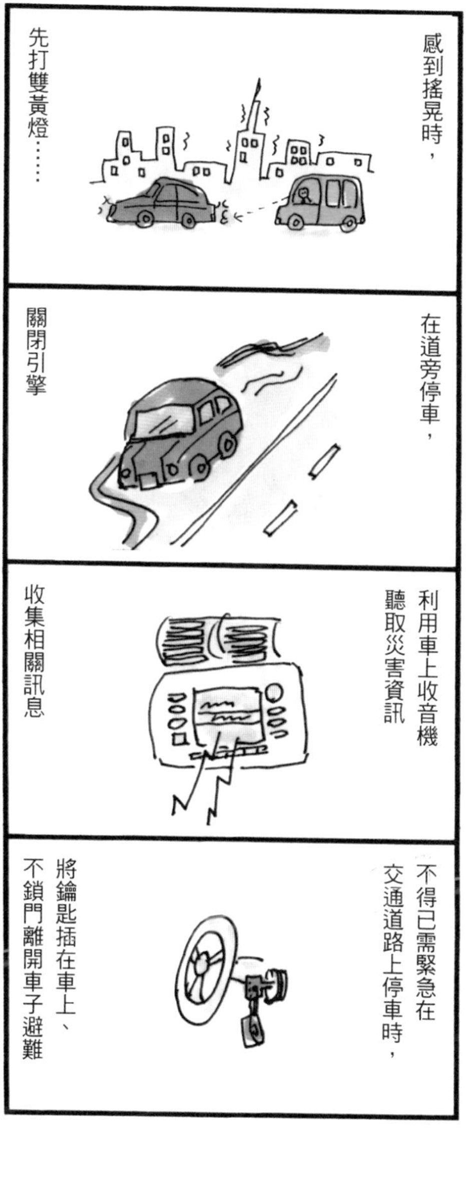
感到搖晃時，
先打雙黃燈……
在道旁停車，
關閉引擎
利用車上收音機
聽取災害資訊
收集相關訊息
不得已需緊急在
交通道路上停車時，
將鑰匙插在車上、
不鎖門離開車子避難

緊急刹車是事故元凶！

打了雙黃燈後，首先一邊注意前後車輛、一邊慢慢地減速，靠近路肩暫時停車。視狀況，可能的話轉到小路或附近停車場、廣場停車。聽廣播瞭解地震規模和受災狀況，並確認周圍狀況。若是在通行禁止區域或緊急交通道路上，不得不停車時，記得將鑰匙插在車上再拿著貴重物品離開。

三一一那天
東京大塞車

各種場所的地震對策　高速公路上

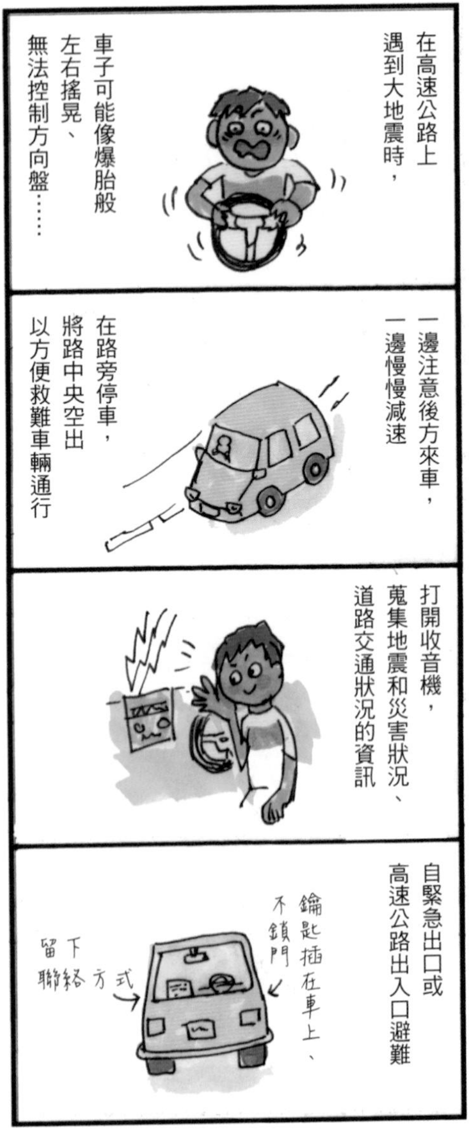
在高速公路上
遇到大地震時，
車子可能像爆胎般
左右搖晃、
無法控制方向盤……
一邊注意後方來車，
一邊慢慢減速
在路旁停車，
將路中央空出
以方便救難車輛通行
打開收音機，
蒐集地震和災害狀況、
道路交通狀況的資訊
自緊急出口或
高速公路出入口避難
鑰匙插在車上、
不鎖門
留下
聯絡方式

不擅自判斷、莽撞行動

若在高速公路上遇到地震，慢慢減速並靠向右側停車。藉由廣播或標示蒐集資訊，等待警察或巡邏車的指示再行動。為防止二次災害，切勿擅自判斷、行動。避難前，在車內留下聯絡方式，關上窗戶並將鑰匙插在車上，拿著貴重物品徒步避難。高速公路上每隔一定的區間，都有設置緊急出口和階梯。

高速公路
地震時會封閉
交通中斷

各種場所的地震對策 超市

在超市遇到地震時
遠離商品架
小心從上方掉落的物品
停止搖晃後，
再避難

注意商品陳列架

要特別注意玻璃或陶瓷製品、陳列架上的商品等物掉落和倒下，先到電梯前或商品較少處、柱子附近等較安全的地方觀察。別急著跑向出口，而是遵照工作人員的指示行動。平常逛街時，就先確認緊急逃生口。

用超市的購物籃
保護頭頸部

地震發生時

各種場所的地震對策 體育場

球場中沒有掉落物所以很安全！

體育館一般被認為是不易崩塌的建築物，尤其是以最新科技建造的巨蛋球場等，多為耐震構造。事實上，比地震恐怖的是恐慌。遇到地震最好的安全對策，就是坐在自己的位子上。可以的話，縮起身體蹲在座椅間靜觀狀況。直到有球場廣播和人員指引前，務必先待在原地。另外，注意別讓自己和同行的人走失。

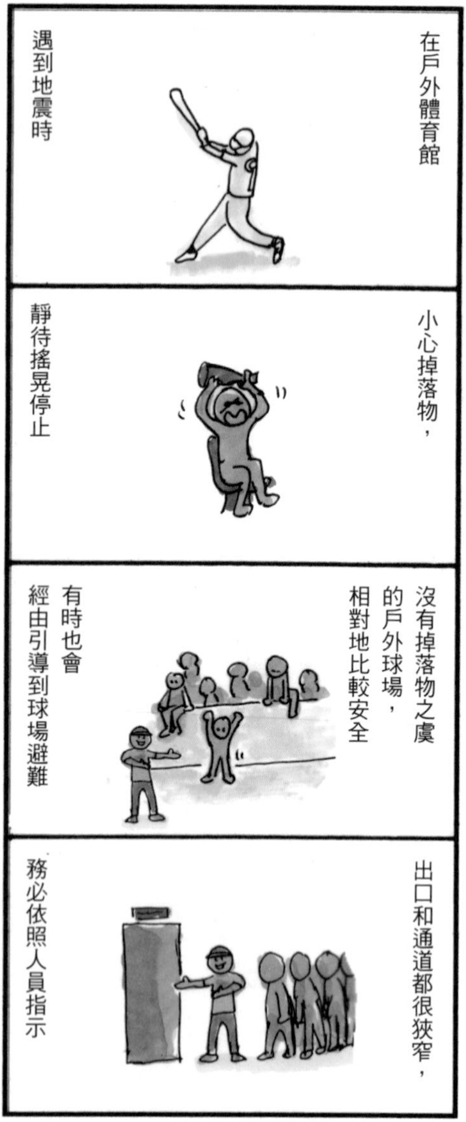

在戶外體育館
遇到地震時
小心掉落物，
靜待搖晃停止
沒有掉落物之虞的戶外球場，
相對地比較安全
有時也會經由引導到球場避難
出口和通道都很狹窄，
務必依照人員指示

許多人因慌亂
行動而受傷

地震發生時

各種場所的地震對策 手扶梯上

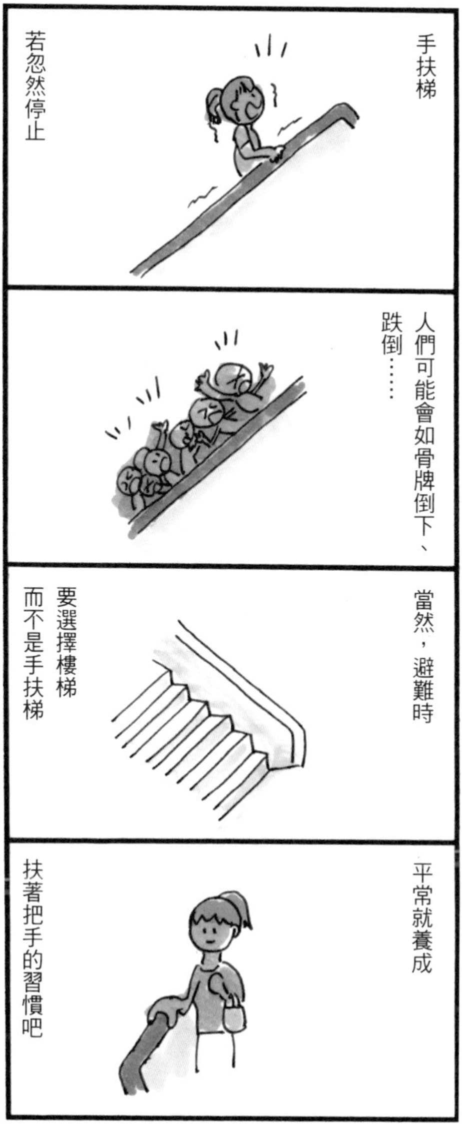
手扶梯
若忽然停止
人們可能會如骨牌倒下、
跌倒……
當然，避難時
要選擇樓梯
而不是手扶梯
平常就養成
扶著把手的習慣吧

自手扶梯跌落可能導致重傷

無論是否有地震，手扶梯意外層出不窮，其中最多的原因就是跌倒或跌落，且大多發生在小孩和高齡者身上。塑膠鞋被捲入、幼童撿東西時夾斷手指、高齡者踩空跌倒或滾落等……一點大意就會導致重傷。停電造成手扶梯忽然停止，十分危險。平常搭乘時就養成不左顧右盼，小心扶好把手的習慣。

急的時候
不使用手扶梯

各種場所的地震對策 電梯裡

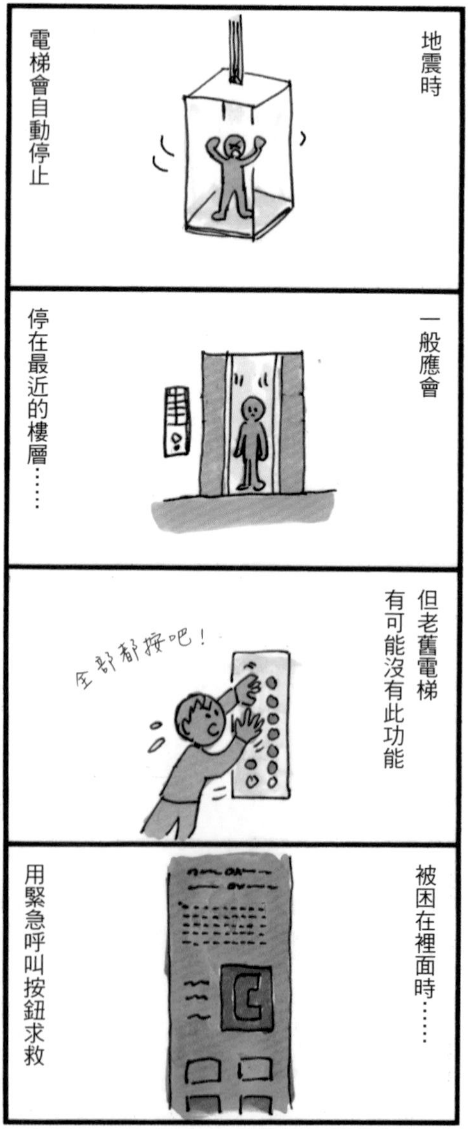
地震時
電梯會自動停止
一般應會
停在最近的樓層……
但老舊電梯
有可能沒有此功能
全部都按吧！
被困在裡面時……
用緊急呼叫按鈕求救

搭電梯最可怕的是被關在裡面

被困在電梯裡時別慌張，用緊急呼叫按鈕或對講機向電梯服務公司求救。萬一對講機也接不通，直接打電話給電梯內標示的電梯公司或消防局。因地震時會發生許多同樣的事故，不一定能立刻前來營救，務必保持冷靜。

也可連絡電梯
管理公司或消防局

車站月台
請小心掉落物
電車停止的話，
逃進車廂內吧
依照站務員的引導避難

注意掉落物，冷靜行動

車站月台，有許多像自動販賣機、時刻顯示板、監視器等地震發生時可能產生危險的東西。在月台等車時若遇到地震，先以包包等東西保護頭頸部，到安全的柱子邊避難。尖峰時刻等月台擠滿人時，在月台保護頭頸部蹲低，以防止跌倒。人群恐慌造成人們相繼跌倒的狀況，是最危險的。

各種場所的地震對策 大雪時

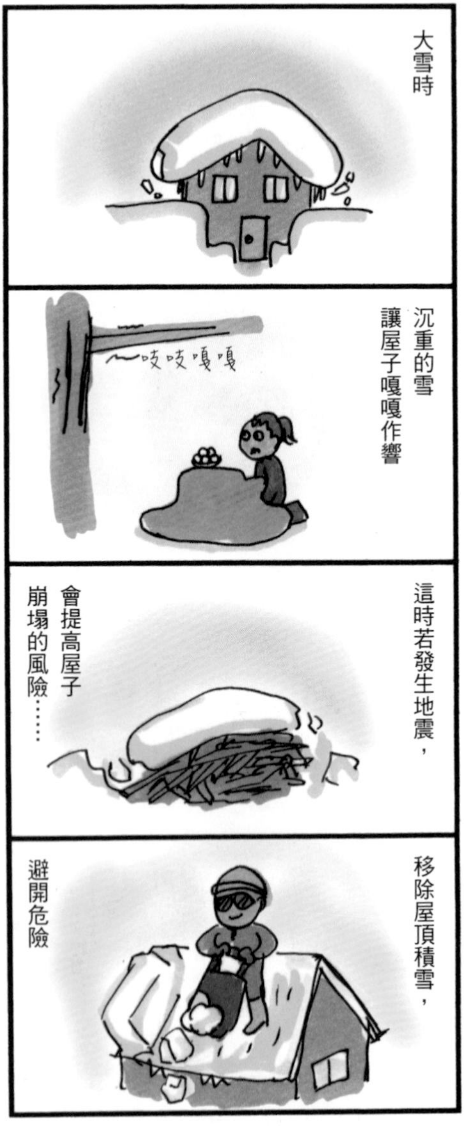
大雪時
沉重的雪讓屋子嘎嘎作響
吱吱嘎嘎
這時若發生地震，
會提高屋子崩塌的風險……
移除屋頂積雪，
避開危險

積著雪的屋子遇到地震更危險

雪是非常沉重的！依雪質不同也許有所差異，但光是雪的重量，就可能達幾噸，而沉重的雪會變成危險的凶器。雪堆從屋簷崩落，可能造成停在屋簷下的車子毀損、或將人活埋等重大事故。對勉強能支撐雪堆重量的屋子而言，地震是致命災害。另外，防災對策之一的「鏟雪」固然十分重要，但切勿獨自進行。

路上的雪
也須小心

地震發生時

不靠近水泥牆

過去的地震中
經常發生
水泥牆倒塌……
壓死人的事故
感覺到地震搖晃，
切勿靠近
沒有逃生空間的巷子
自動販賣機、
石燈籠等
也要小心

老舊的水泥牆格外危險

過去曾發生地震來襲時，人們遭水泥牆壓倒死亡的案例。孩子上學的路上或平常玩耍的地方有沒有隱藏危險，一一仔細確認。路旁招牌、自動販賣機等等，許多危險潛藏在身邊。此外，若發現危險處，立刻告知孩子並加以注意。

也要告知孩子

地震造成瓦斯停止時

地震一發生，安全裝置會自動啟動

打開內設瓦斯表的小窗，按下瓦斯表上的還原按鈕。三分鐘過後，紅燈閃爍消失後即可使用瓦斯。若三分鐘過後紅燈依然閃爍、瓦斯也仍停止，再確認看看是否瓦斯栓或瓦斯爐忘了關。若出現瓦斯味，絕對不可點火或打開換氣扇和電燈開關，什麼都不要觸摸。關閉瓦斯，打開窗戶換氣，並立刻和瓦斯公司聯絡。

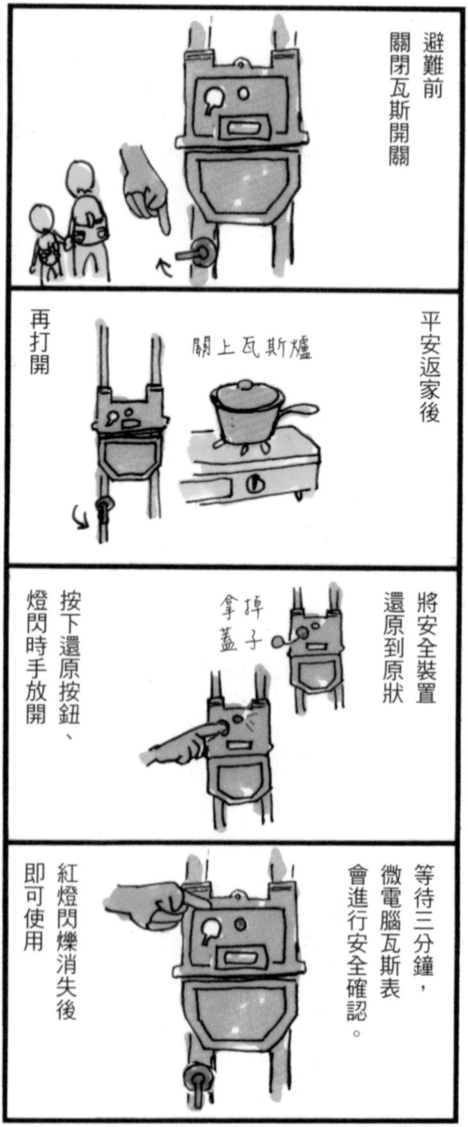
避難前
關閉瓦斯開關
平安返家後
關上瓦斯爐
再打開
將安全裝置還原到原狀
拿掉蓋子
按下還原按鈕、燈閃時手放開
等待三分鐘，微電腦瓦斯表會進行安全確認。
紅燈閃爍消失後即可使用

有瓦斯味時
不重開瓦斯

地震發生時

利用替代防震道具防範餘震

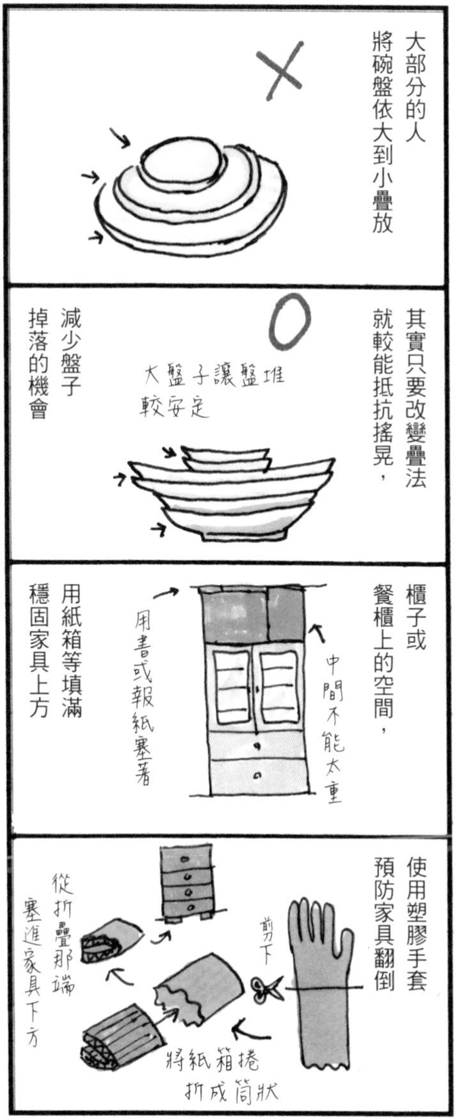
大部分的人
將碗盤依大到小疊放
其實只要改變疊法
就較能抵抗搖晃，
大盤子讓盤堆較安定
減少盤子
掉落的機會
櫃子或
餐櫃上的空間，
中間不能太重
用書或報紙塞著
用紙箱等填滿
穩固家具上方
使用塑膠手套
預防家具翻倒
剪下
將紙箱捲折成筒狀
從折疊那端
塞進家具下方

沒有防災專用工具也可用身邊東西應變

許多人發生地震後，才慌忙準備防災用具。我也在地震發生後立刻去大型家居用品店和百元商品店，果然所有防災相關的用品早被搶購一空。這時，就用身邊有的東西應變。例如衣櫃等家具和屋頂間的空隙，用紙箱或報紙緊緊塞滿，便可取代支撐棒避免家具倒落。紙箱雖然輕，但可以面來支撐，對於防止家具倒下頗具效果。橡皮筋和塑膠手套（手肘部分）捆住紙箱，可做成有效防止家具滑動的道具。花點巧思活用家裡既有的東西，以防餘震發生。

即使只是將捲起的
紙箱以橡皮筋綑綁，
也有功效

3

火災發生時

火災

記住滅火器的使用方法

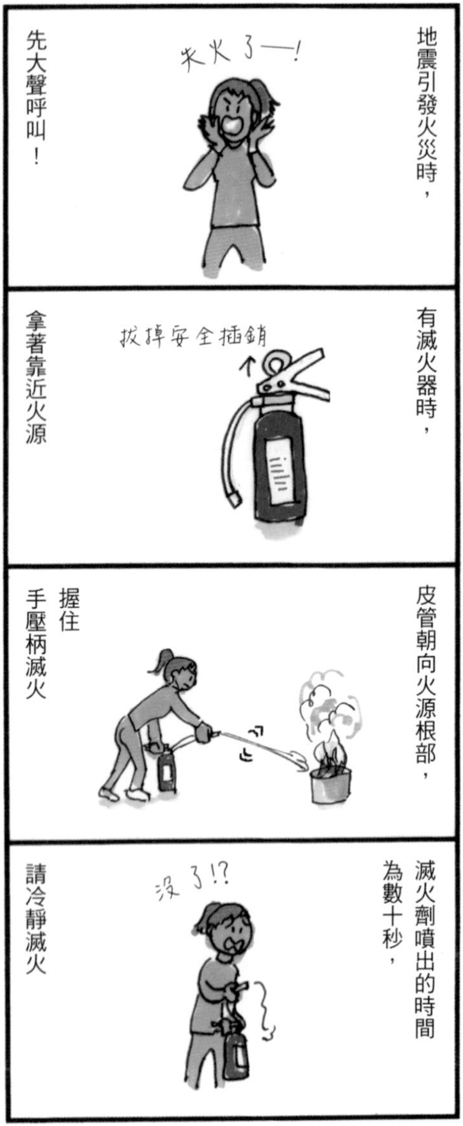
地震引發火災時，
失火了—！
先大聲呼叫！
有滅火器時，
拔掉安全插銷
拿著靠近火源
皮管朝向火源根部，
握住手壓柄滅火
滅火劑噴出的時間為數十秒，
沒了!?
請冷靜滅火

鎮定地初期滅火十分重要

滅火器搬到火源附近後，將安全插銷向上拔起，拿起皮管朝向火源根處，用力握住手壓柄。力氣較小的人，可以將滅火器放在地上、用身體由上施加體重在手壓柄上，滅火劑會較易噴出。噴灑對象並非熊熊燃燒的火焰或煙，而是燃燒的「物品本身」，並左右噴灑。

用浸溼的浴巾
或床單蓋住也是
滅火的方法之一

火災

安全地自火和煙逃開！

當火焰增強
到與人同高時，
快逃！
放低姿勢
盡快逃離！
若是公寓，
將房門關上……
以避免延燒
此外，
即便有東西忘在火場，
也切勿回頭去拿

火災的死因大多是濃煙

若無法初期滅火、火勢延燒至屋頂，在確保自己與其他居民安全的同時，也請向消防局或義消求助。若遇濃煙充滿屋子或走廊時，用手帕或毛巾等緊緊遮掩口鼻，一邊避免吸進濃煙、一邊以低姿勢避難。

全家進行自寢室到玄關的避難訓練

火災

小心易燃材質衣物

衣服著火
會引發嚴重意外

瓦斯爐的火燒到衣袖、或爐子熱度讓衣服著火等事故層出不窮。其中，以七十歲以上的高齡者占大多數。化學纖維的衣服一著火，便會貼著肌膚繼續燃燒，造成重度燒傷，嚴重可能致死。除了瓦斯爐，停電時蠟燭的使用等也需要注意。

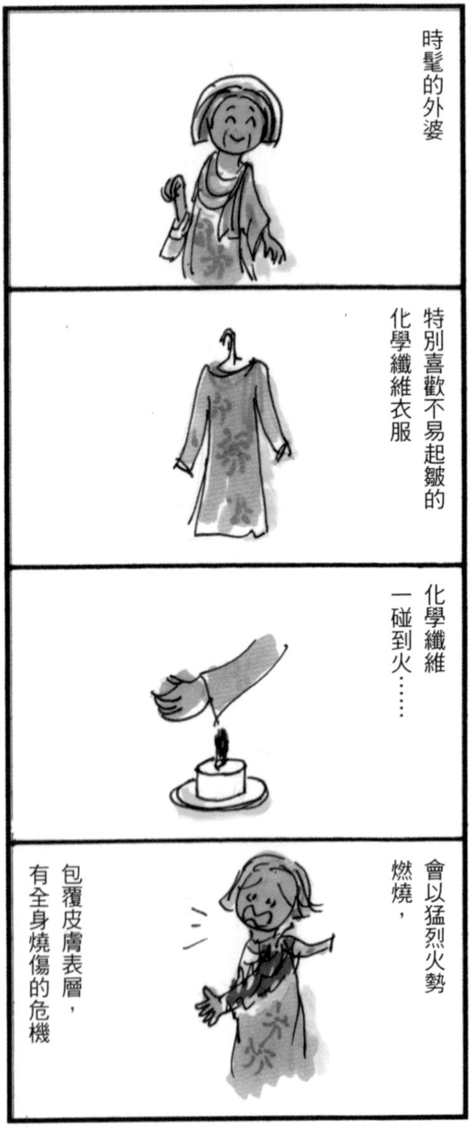
時髦的外婆
特別喜歡不易起皺的化學纖維衣服
化學纖維一碰到火……
會以猛烈火勢燃燒，
包覆皮膚表層，有全身燒傷的危機

LOVE棉質圍裙

4

海嘯來襲時

「海嘯來時各自逃（Tsunami-tendenko）」

日本有一句
自古傳承的諺語
海嘯來啦
「海嘯來時各自逃」
是指：爸媽不用找孩子、
孩子不用找爸媽……
快點各自避難
在釜石市的國中小，
大家都不用等老師指示。
快逃啊——！
小學生逃了！
中學生逃了！
急忙逃向高地！
確認大家
都沒事的五分鐘後，
學校就被海嘯淹沒

不是「爭先恐後」，而是「率先避難」

自古以來深受海嘯所苦的日本三陸地區，傳承著「海嘯來時各自逃」的諺語。岩手縣釜石市的學校教導學生：「迅速靠自我判斷、盡可能地向高處逃」，平時便依此進行防災訓練。多虧有此訓練，三一一大地震時學生都倖免於難。自己比他人先逃，大家接著便跟著逃，最後跟著逃難的人們都保住性命……對生死瞬間的海嘯災害而言，「率先避難者」十分重要。

自此往前
不可蓋屋

海嘯

井水變乾時海嘯就要來了！

井水乾涸
漁獲持續大豐收
自古就有說法
認為這些
是地震來襲前的預兆
三一一大地震前，
也發生
東北三陸地區漁獲
持續豐收、
井水乾涸、
混濁等異常現象

再次見證先人智慧

遠古以來懼怕天災地變的人類，先人藉著諺語或傳說等，將警告持續傳達給子孫。完全瞭解大自然無止盡的奇異、不與大自然對抗而是與之共存—這便是先人的智慧。現在，不妨從預測地震的觀點再一次見證，在諺語和傳說失傳前……

我們是否忽視
大自然傳達的訊號

山中也會發生海嘯

大地震
造成蓄水池的
蓄水池
堤防倒塌
在下游的村落
全被吞沒
房子和人車
都被淹沒，
沒人想到
身處山中
還會遇到海嘯（土石流）
池子原是
農業用蓄水池，
毀壞後，
田地無水灌溉，
無法再栽種稻米

只要有知識，就可保護自己性命

三一一大地震那天，福島縣須賀川市發生「蓄水池毀壞」事故，該池下游約五百公尺的村落因而發生土石流，將許多樹木和土砂捲入，沖掉房子、車子、工廠，也奪走人命。毀壞的藤沼儲水池（藤沼湖），據說原是提供給市民露營等的休閒設施。蓄水池因當中的水流掉而乾涸，農業用水也無法汲取。事先看看自家附近是否有危險的地方。

黑色水流
來襲——！

5

豪雨、颱風、龍捲風、打雷、土石流、雪崩發生時

自然災害

瞭解住家土地的危險性

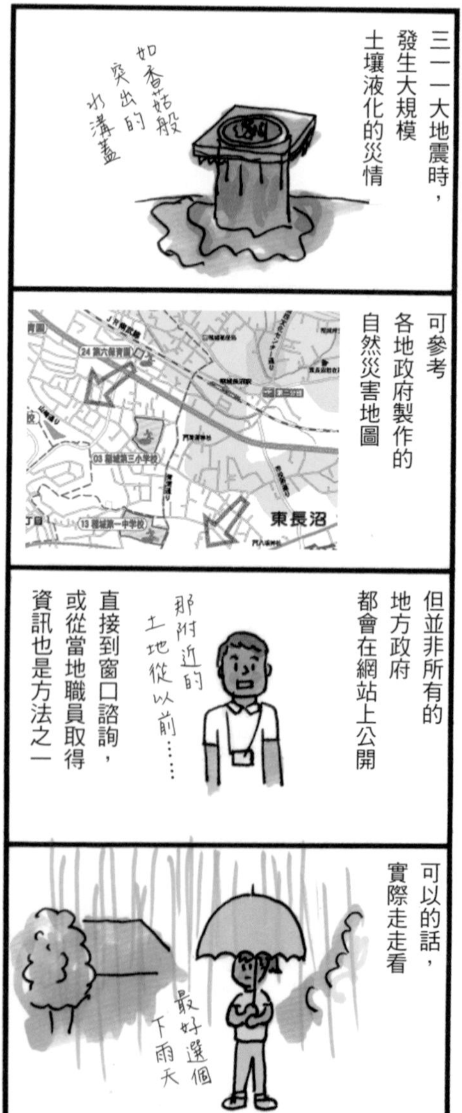

三一一大地震時，
發生大規模
土壤液化的災情
如香菇般突出的水溝蓋
可參考
各地政府製作的
自然災害地圖
東長沼
但並非所有的
地方政府
都會在網站上公開
那附近的土地從以前……
直接到窗口諮詢，
或從當地職員取得
資訊也是方法之一
可以的話，
實際走走看
最好選個下雨天

地震、颱風、水災、土壤液化……瞭解災害風險

我從前住在山腰時，附近曾有條一下豪雨就淹水的路。雨水像條河川似地奔流在路上，流往低窪處積水，而街道邊有地下室的店鋪和住宅，紛紛急著堆沙包。平常以為沒什麼異常的地區，其實潛藏意想不到的危險。此外，有時電線桿等處會有「洪水曾淹至此」的紀錄標示。而關於土壤液化，調查土地的履歷則十分重要。臺灣各級政府網站，也有相關防災地圖，可多加留意。

洪水痕跡
水淹高度

自然災害

防範颱風來襲

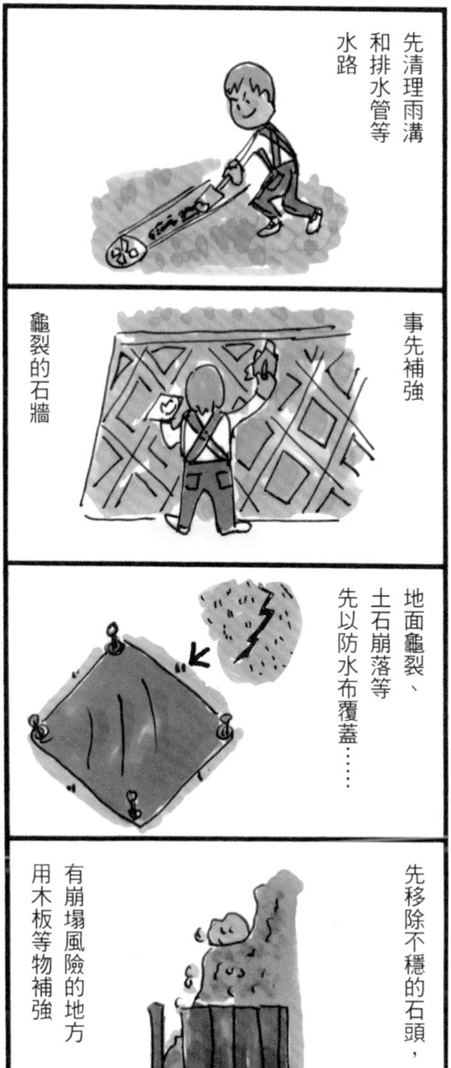
先清理雨溝
和排水管等
水路
事先補強
龜裂的石牆
地面龜裂、
土石崩落等
先以防水布覆蓋……
先移除不穩的石頭，
有崩塌風險的地方
用木板等物補強

採取自己也能實行的防災對策

牢牢鎖上窗戶，必要時再用木板等補強。有可能被風吹走的，如曬衣竿、寵物小屋等都要事先固定好。透過廣播和電視蒐集最新的氣象資訊。有土石流風險的場所，更要特別留意。準備好緊急逃生包，避難處也事先確認。

盆栽也收進家中

認識報導中的雨量

從災害資訊得知豪雨和長時間降雨的危險

近年，集中豪雨造成的水災、土石流災害層出不窮，新聞裡常出現的雨量，實際上是怎樣的感覺呢？首先，從洪水災害地圖掌握自家區域發生水災的危險度，這可在行政單位網站上查詢。土石流幾乎都是由長時間降雨或集中豪雨引發，即便不是豪雨，若從降雨開始累積100毫米以上的降雨量，即須特別注意。

每小時雨量10～20毫米
雨聲略大的程度
沙—沙—
每小時雨量20～30毫米
即所謂的滂沱大雨
每小時雨量30～50毫米
彷彿水桶直接倒下似的大雨
每小時雨量50～80毫米
瀑布般的大雨
嘩嘩
看不到前方

80毫米以上，會有壓迫感與恐懼感

自然災害

住家在颱風路徑上時，要特別小心

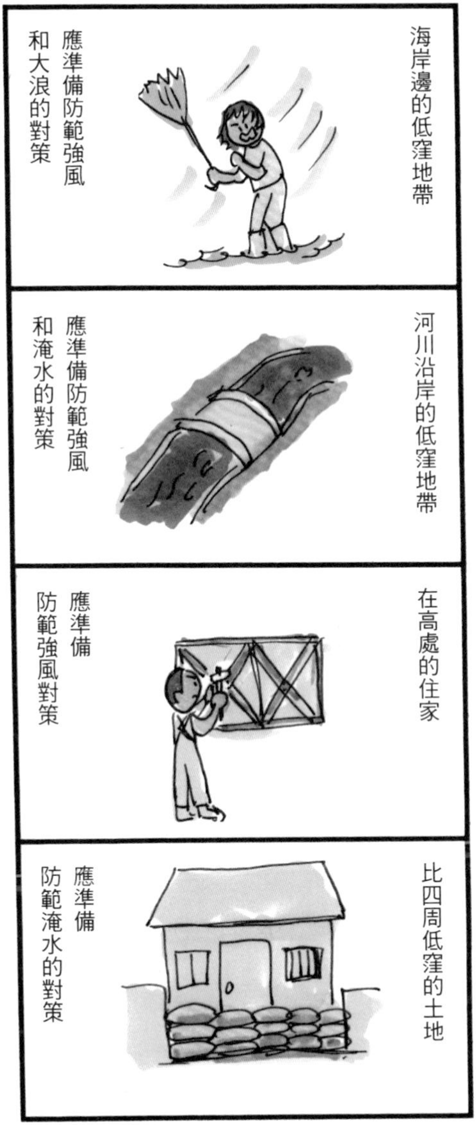

海岸邊的低窪地帶
應準備防範強風
和大浪的對策
河川沿岸的低窪地帶
應準備防範強風
和淹水的對策
在高處的住家
應準備
防範強風對策
比四周低窪的土地
應準備
防範淹水的對策

擬好適合土地條件的對策

透過電視和廣播等掌握氣象資訊，並確認天然災害地圖，有些地方政府會提供沙包。準備緊急逃生用包，事先確認避難場所以備不時之需。確認家人的所在位置，避開於危險時段出門。

可能
聽不清楚警報

傾盆大雨時須格外小心駕駛

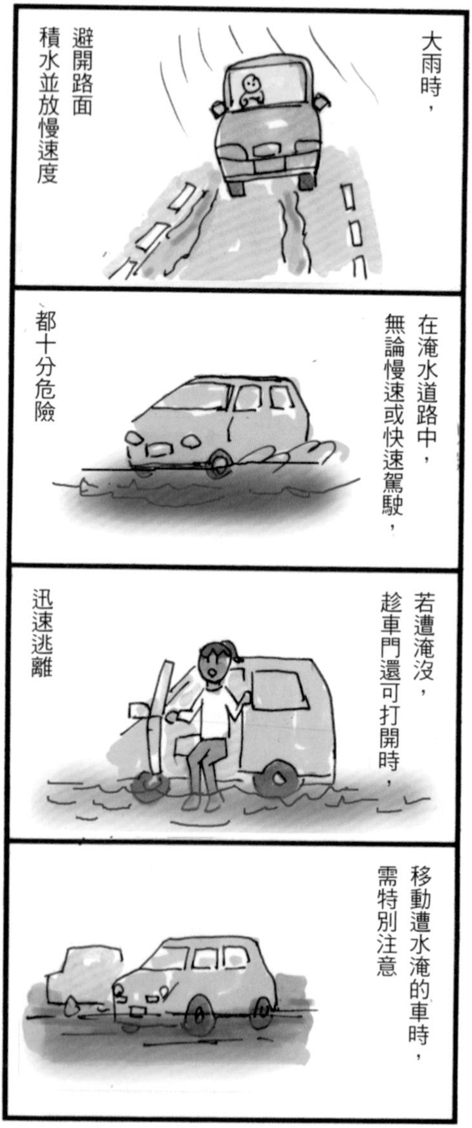
大雨時，
避開路面積水並放慢速度
在淹水道路中，無論慢速或快速駕駛，
都十分危險
若遭淹沒，趁車門還可打開時，
迅速逃離
移動遭水淹的車時，需特別注意

危險水域

在淹水道路上開車非常危險，因為不知道水深，無法看清道路上的障礙物。過去曾發生電車高架橋下的道路積水，駕駛將車駛進後無法逃脫而喪命的事故。此外，引擎一旦浸水便無法修理，有讓車子報廢的風險。下車時，要注意電線桿或電線是否漏電，以及坑洞、水溝。

大雨時，可能發生讓剎車和方向盤都失去控制的「水飄現象」。
哇啊！

自然災害

認識走山的前兆

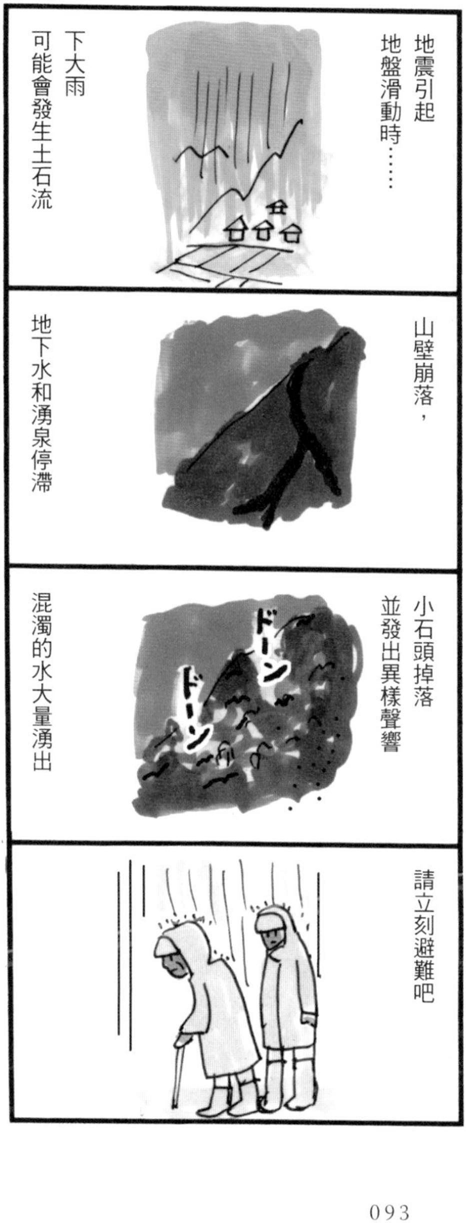
地震引起
地盤滑動時……
下大雨
可能會發生土石流
山壁崩落，
地下水和湧泉停滯
小石頭掉落
並發出異樣聲響
ドーン
ドーン
混濁的水大量湧出
請立刻避難吧

豪雨時盡速避難

走山，指的是表層的風化土層急速滑落的現象，人們很難馬上逃離。最重要的還是事前避難。為此，必須事前先將危險地點調查清楚。住在山邊的人在梅雨或颱風時期，要多注意強降雨狀況。

過去數年的
土石流、走山等
風險度驟升

自然災害

注意土石流發生的前兆

發生原因是大雨或地震、火山爆發

所謂的土石流，是指山或河谷的土砂因大雨等因素崩落，混著水變成泥狀，以高速衝向山麓的災害。另外，也有因降雨在堆積的火山灰而引起土石流的例子。過去曾發生發出避難勸導後，住民在避難途中看到河川水位很低，心想著「還好吧」便又返回住家，卻因此罹難的例子。

明明不斷下雨，
河川水量卻減少
河水混濁
或有漂流木
發生山鳴
就代表危險！
山在叫！
土石流
將以和車子相同速度
摧毀家園
和農田

河的水位
還很低啊！

豪雨時盡量不接近河川

豪雨時
不只是大河
再小的河流
連灌溉渠道
都可能變成
危險的陷阱
全都是水啊！
被沖開的水溝蓋
又溝

淹水道路也很危險

想想小河、灌溉渠道、水溝、親水公園等地方，因豪雨造成河水暴漲時會有危險。曾發生過下水溝蓋被水沖上路面，走在淹水道路上的路人跌落地下水道的意外。在淹水道路上行走時，比起一灌水就會脫落的長靴，更建議穿厚底運動鞋，邊確認腳下狀況邊行走。

水中也可能有瓦礫
啊～

水勢超過人們想像

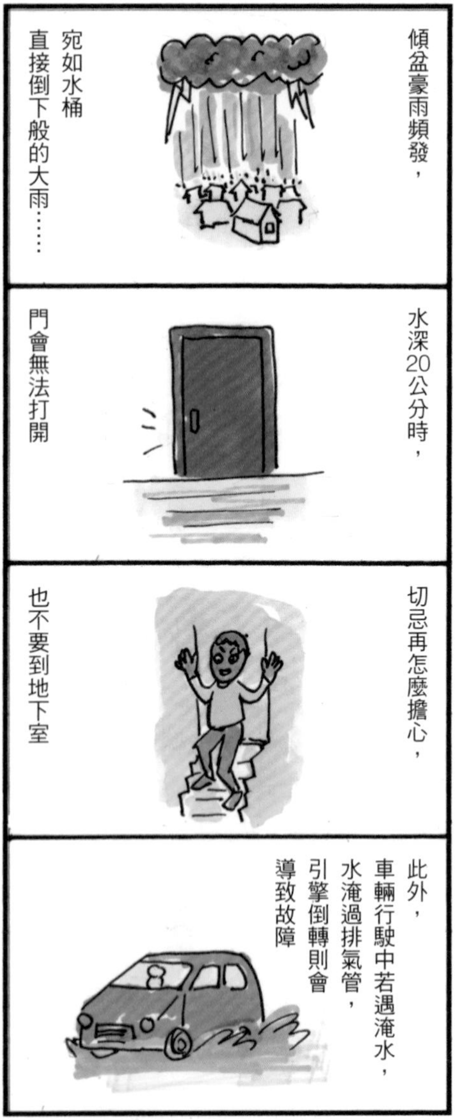
傾盆豪雨頻發，
宛如水桶
直接倒下般的大雨……
水深20公分時，
門會無法打開
切忌再怎麼擔心，
也不要到地下室
此外，
車輛行駛中若遇淹水，
水淹過排氣管，
引擎倒轉則會
導致故障

水深20公分時，門就無法打開

集中豪雨會以人們無法預測的速度快速襲來，過去就曾發生在下水道工作的人因避難不及、被水沖走而死亡的意外。另外還有在自家地下室的住民、和前往察看灌溉水圳的農民等，都因閃避不及而死亡。所以得隨時記著，身邊環境其實潛藏著危險。

車內逃生用破壞器

自然災害

豪雨時盡量減少家庭排水

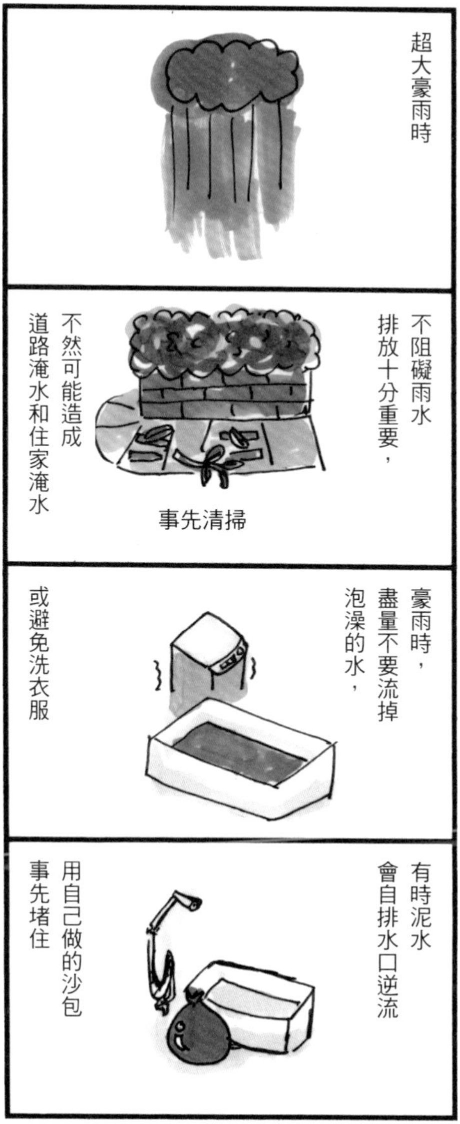

超大豪雨時
不阻礙雨水
排放十分重要，
事先清掃
不然可能造成
道路淹水和住家淹水
豪雨時，
盡量不要流掉
泡澡的水，
或避免洗衣服
有時泥水
會自排水口逆流
用自己做的沙包
事先堵住

不將生活廢水排到將滿溢的下水道

大部分的淹水災情，都發生在半地下停車場、地下室、低窪地區等處。都市因鋪設道路使得雨水無法滲透到土壤，也是原因之一。大雨時若再加上家庭排水流入，可能會導致下水道管內的水量增加而失去疏散力，造成淹水災情更嚴重。集中豪雨時，為減輕地下水道的負擔，盡量避免洗澡或洗衣等排出大量的水。

可能衝開
水溝蓋

利用自製沙包預防災害

DIY沙包可和板子等物組合使用

對淹水等自然災害災區而言不可或缺的道具，就是裝入土的「沙包」。有些地方政府會免費提供。尺寸有大有小，但將近十公斤的土堆非常重！緊急時，玄關和廚房後門等容易進水處，只要放個簡易沙包便能防止進水。另外，具吸水性的高分子聚合物家庭用沙包，也可在店家購得。

重疊兩張垃圾袋
正確來說是「水包」
不是「沙包」
裝入水並綁緊袋口，
放在容易淹水處
可以和板子組裝
或和鋪上野餐墊的紙箱
、盆栽盒等拼裝

下雨天散步時順便
觀察周邊環境

防範龍捲風（室內）

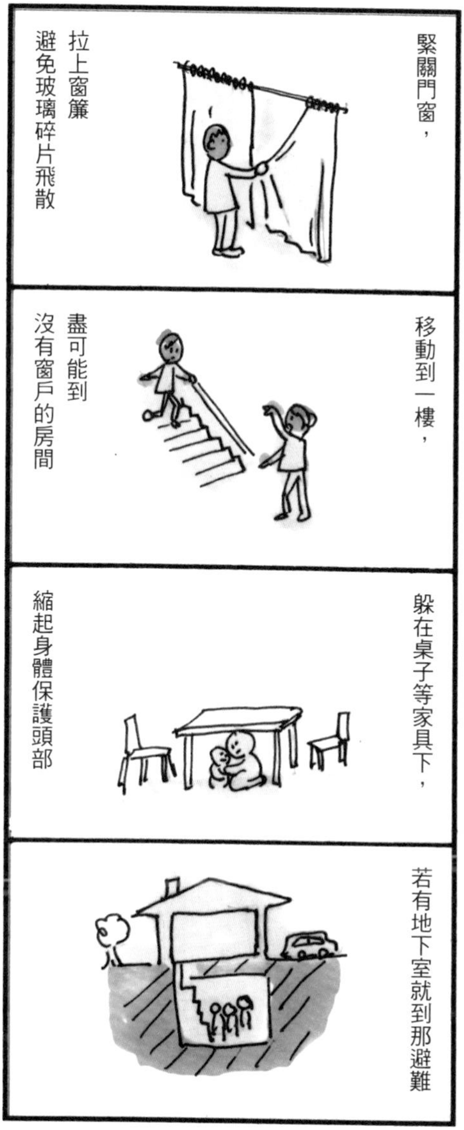
緊關門窗，
拉上窗簾
避免玻璃碎片飛散
移動到一樓，
盡可能到
沒有窗戶的房間
躲在桌子等家具下，
縮起身體保護頭部
若有地下室就到那避難

龍捲風發生的前兆

人們雖無法精確地預測龍捲風等激烈強風發生，但龍捲風可能發生時會出現積雨雲，並有以下四個預兆。

1. 黑雲靠近，周圍忽然變暗
2. 聽見雷鳴或看見雷光
3. 吹起冷風
4. 降下大粒冰雹

發生以上類似現象時，可能代表將有龍捲風發生。木造屋、鐵皮屋、瓦房，較易受到龍捲風危害，臺灣房屋常用的鋼筋水泥結構較不影響，但仍需小心為上。

防範龍捲風（室外）

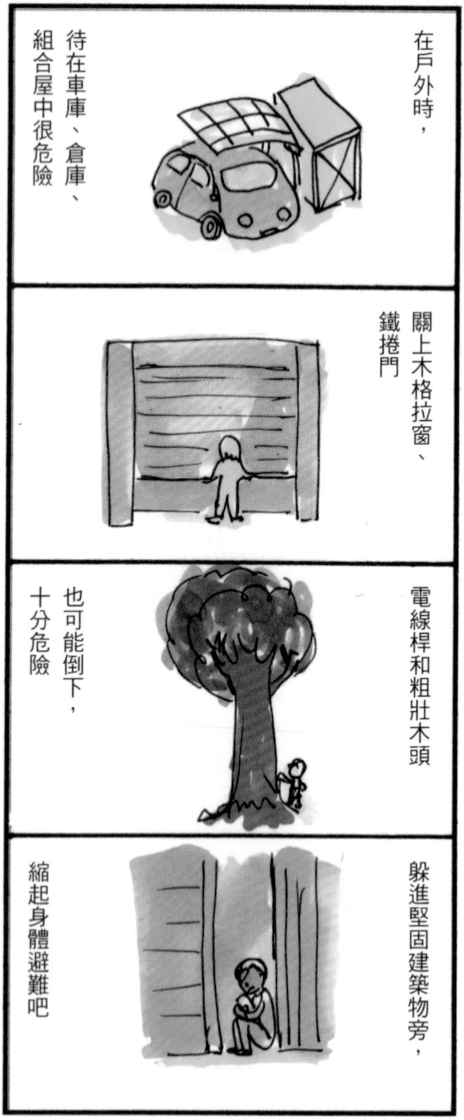
在戶外時，
待在車庫、倉庫、
組合屋中很危險
關上木格拉窗、
鐵捲門
電線桿和粗壯木頭
也可能倒下，
十分危險
躲進堅固建築物旁，
縮起身體避難吧

縮起身體保護頭頸部

龍捲風是一種瞬間強風現象，其出現時間短但伴隨猛烈強風，建築物等因暴風受到嚴重災害。若發現龍捲風，盡快往堅固建築物內避難吧。若附近沒有「堅固的建築物」，就到水道或低窪處壓低姿勢、縮起身體保護保護頭頸部。順道一提，龍捲風有八成發生在美國；在龍捲風大本營的美國，很多住家都備有避難用的地下室。

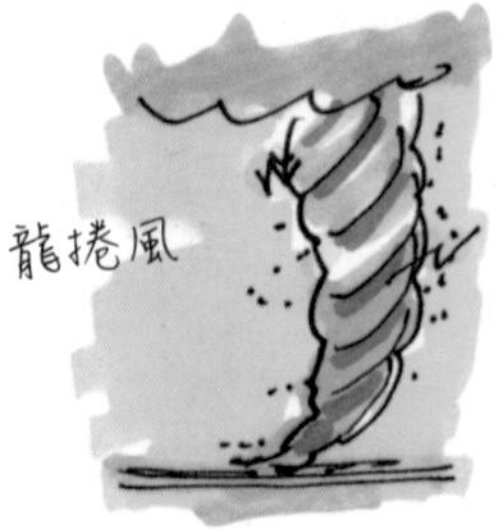
龍捲風

自然災害

閃避打雷時的注意事項

閃電出現時
霹
快從高樹和枝葉長伸的大樹下逃開！
到建築物中避難
也可在車裡避難
車外很危險

雷擊有分地方

戶外比較危險的地方是像高爾夫球場、海岸等寬敞的平地，如果在這樣的地方站立，十分危險。釣竿、傘等長狀物須立刻放下、不可舉在頭上，馬上逃進建築物或車子等處避難。如果沒有這樣的避難處，蹲下將姿勢放低、往低窪地等地勢較低處移動。此外，木造建築內部基本上也是安全的，但若能保持與電器用品、屋頂、牆壁距離一公尺遠，會更安全。

肚臍
要被拔掉了

調查人工造地的危險性

將山坡處
削掉、
填平山谷蓋房子
地震來時……
曾是山谷處，
填土
連家一起崩落

從前的地形影響地震災害程度

九二一地震時，發生許多人工建地上住宅的地盤下沉和隆起。住宅大幅傾斜、地基和牆壁都遭毀損。自己住家附近從前是什麼地形，不妨調查看看。若從前是海或河、沼澤或山谷，需特別注意。查閱以前的地圖、或問問久住當地的人們也是不錯方法。

看古地圖來
認識過去地形

認識山崩的前兆

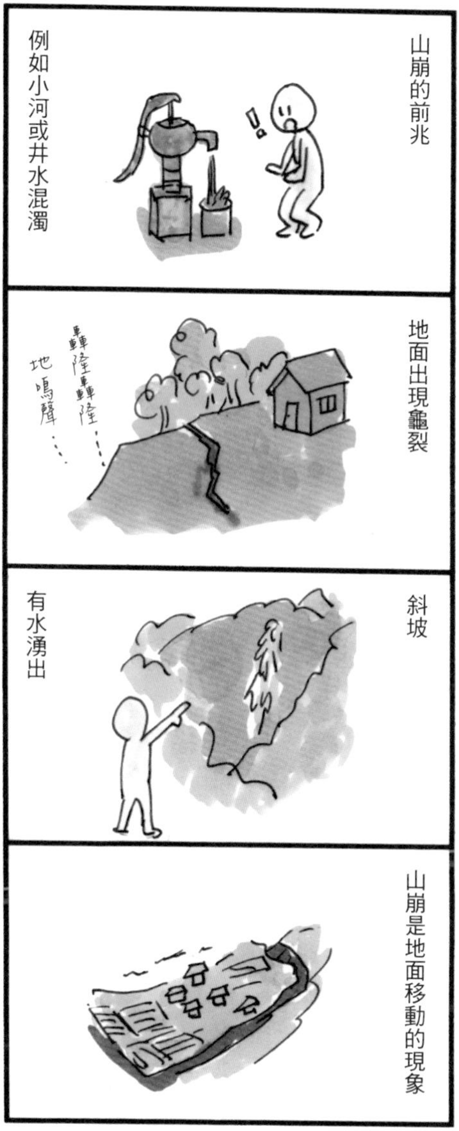
山崩的前兆
例如小河或井水混濁
地面出現龜裂
轟隆轟隆……
地鳴聲……
斜坡
有水湧出
山崩是地面移動的現象

小心斜坡移動產生的山崩前兆

山崩使斜坡急速移動，進而產生地鳴。地面的變形和移動會導致建築物傾斜和錯位，房子應該也會發出聲響。斜坡的移動可能造成附近地形產生凹凸。假若出現這種前兆、或出現屋子可能因山崩毀損的危機時，盡速避難。

地面
緩緩地搖動

自然災害

雪崩時的保命對策

瞬間的判斷定生死

被捲進雪崩時，閉口並像游泳般地擺動手臂向上划，閉口是為了防止雪進入嘴巴導致無法呼吸。若無法向上移動，用雙手在嘴巴前留下空間，蜷起身體安靜地呼吸，靜待救援。遭雪崩掩埋經過十五分鐘後，生存機率會急速下降，換句話說，能否確保住呼吸空間將決定生存機率。

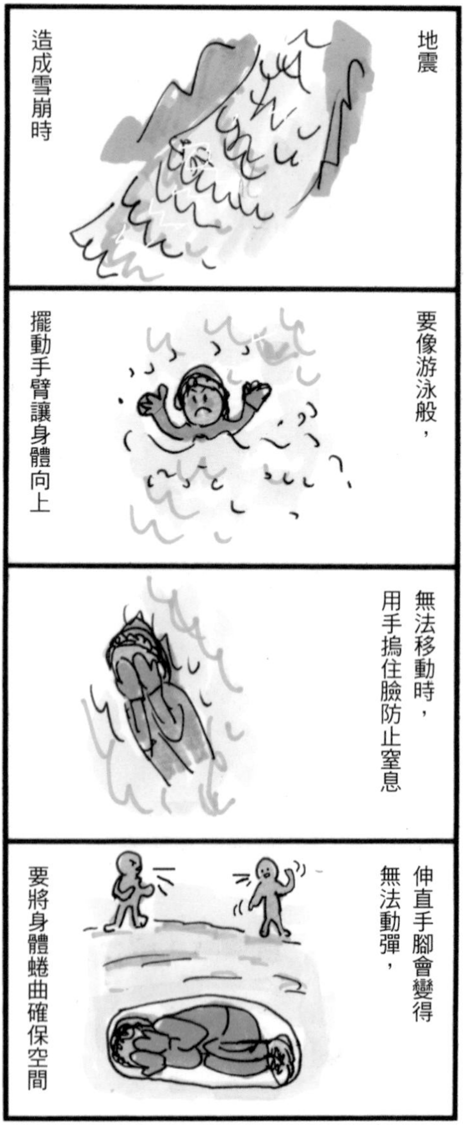
地震
造成雪崩時
要像游泳般，
擺動手臂讓身體向上
無法移動時，
用手摀住臉防止窒息
伸直手腳會變得
無法動彈，
要將身體蜷曲確保空間

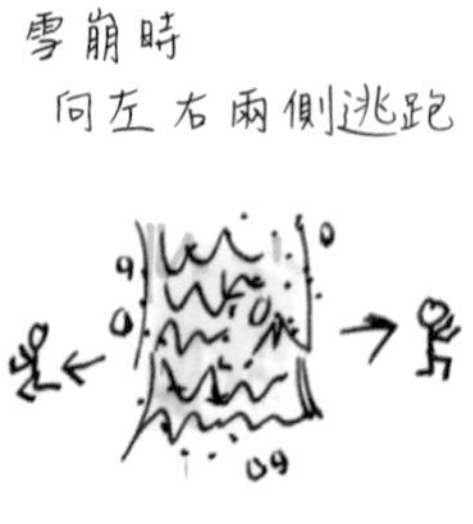
雪崩時
向左右兩側逃跑

6

停電對策

停電前的準備

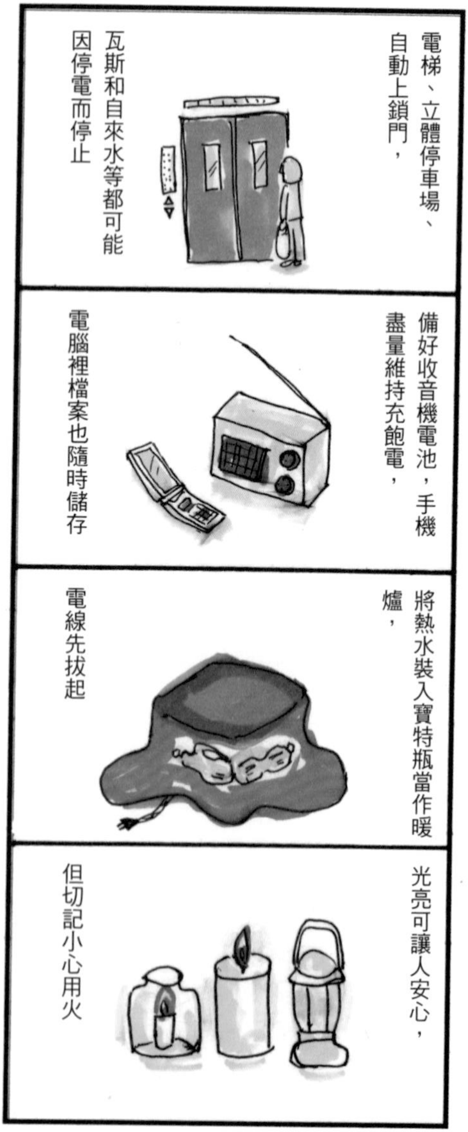
電梯、立體停車場、自動上鎖門，
瓦斯和自來水等都可能因停電而停止
備好收音機電池，手機盡量維持充飽電，
電腦裡檔案也隨時儲存
將熱水裝入寶特瓶當作暖爐，
電線先拔起
光亮可讓人安心，
但切記小心用火

事先整理好房間

停電結束、復電時，可能造成火災的電熱器具都要事先拔掉電線。考慮到晚上可能停電，建議事先將屋子整理好以免跌倒。限定幾小時的停電時光，更要藉此機會感謝有電的日子，並體驗缺電生活。

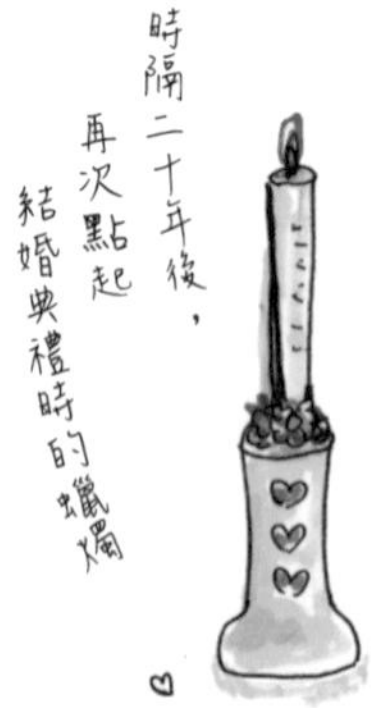
時隔二十年後，
再次點起
結婚典禮時的蠟燭

停電對策

徹底省電的方法

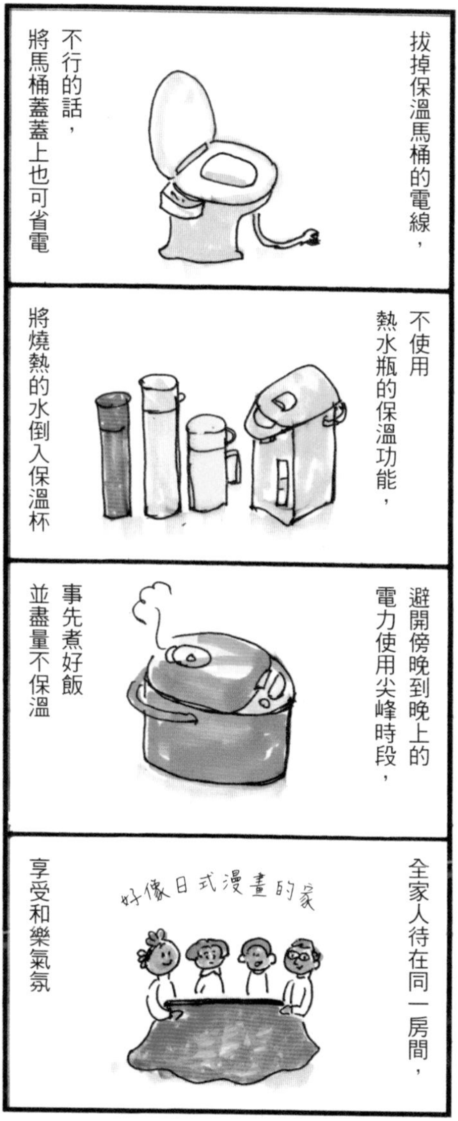
拔掉保溫馬桶的電線，
不行的話，
將馬桶蓋蓋上也可省電
不使用
熱水瓶的保溫功能，
將燒熱的水倒入保溫杯
避開傍晚到晚上的
電力使用尖峰時段，
事先煮好飯
並盡量不保溫
全家人待在同一房間，
好像日式漫畫的家
享受和樂氣氛

計算使用電量以調節用電

沒使用時的房間記得關燈，確實關上總開關。尤其是容易散熱的家電，建議避開電力使用尖峰時段使用。例如寒冬時多穿些、電視設定省電模式、使用燜燒鍋大幅減短燉煮時間、減少冰箱開關次數、少用烘乾機或洗碗機、晚上早睡等，不妨以遊戲般的心情和家人分享省電招數。

藉陽光充電
太陽能手電筒
可維持八小時照明！
也有可將燈泡部分拆開使用的款式。

停電對策

點燈，也點亮內心

像燈籠般，
兩個盤子
就可做出的簡單照明
燈芯
較短避免燒黑
沙拉油
以筷架壓住燈芯
不讓其浮起
用釘子鑿出孔
製作而成的
鮪魚罐頭燈
把燈芯
插入孔即可完成
鮪魚罐頭
一個鮪魚罐頭
可維持四小時
空罐做成的燈籠，
反射更明亮
使用鋁箔紙和紙杯
也能製作
用重疊折起的鋁
箔紙製作燈芯架
面紙製作的燈芯
沙拉油

緊急時照明主要用來確認物品位置

現代人不習慣黑暗，用了手電筒再用蠟燭時，應該都驚訝於其黯淡。蠟燭或手工燈的光線並不能用來閱讀。蠟燭光線是用來判斷「這裡有桌子」、「這裡有櫃子」的照明。此外，緊急狀態時務必謹慎用火！

雖然紙杯倒了
也不會引發火災

安全起見還是
放在盤子上吧

停電對策

活用頭燈和螢光棒

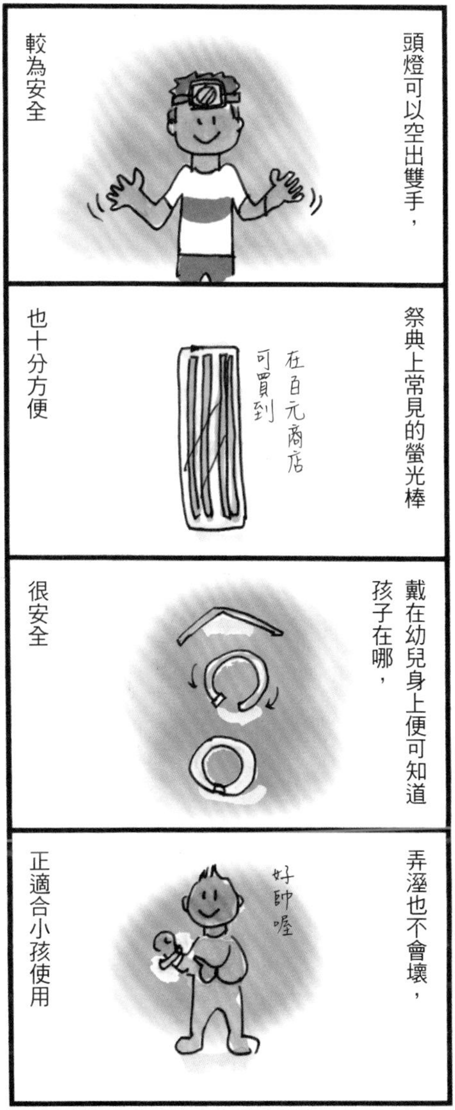
頭燈可以空出雙手，
較為安全
祭典上常見的螢光棒
也十分方便
在百元商店
可買到
戴在幼兒身上便可知道
孩子在哪，
很安全
弄溼也不會壞，
正適合小孩使用
好帥喔

停電時記得安全第一

人們漸漸習慣停電時，據說反而是最危險的。有可能跌倒受傷、打翻蠟燭造成火災等意外。停電時，基本上睡覺最安全。去廁所時，盡量點亮頭燈行動。

活用發出亮光的玩具

手電筒套上塑膠袋
讓光線柔和

停電對策

停電時的冰箱使用法

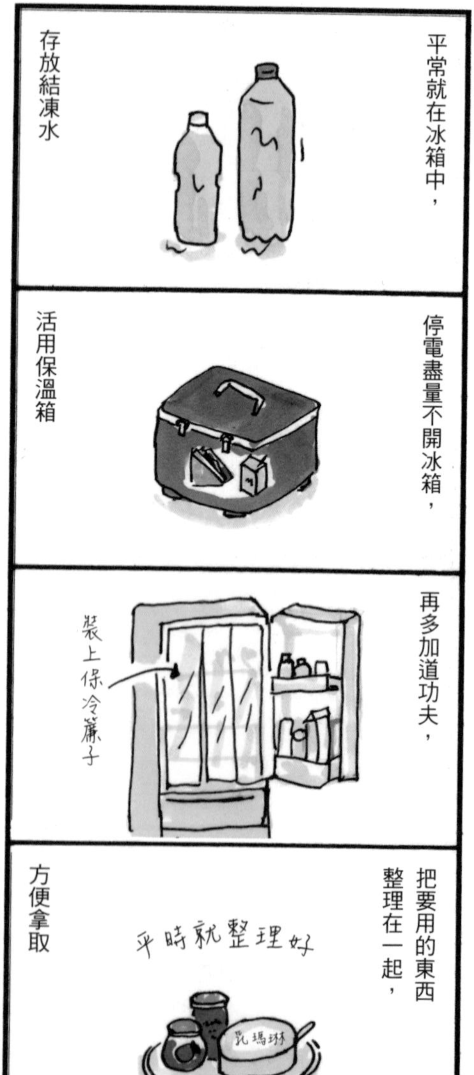
平常就在冰箱中，
存放結凍水
停電盡量不開冰箱，
活用保溫箱
再多加道功夫，
裝上保冷簾子
把要用的東西
整理在一起，
方便拿取
平時就整理好
乳瑪琳

冰箱是巨大保溫箱

每開一次門，冰箱就會流掉一些冷氣，消耗電力。即使是停電，只要數小時都不開，冰箱中的食物大概都不會變質。此外，冷凍的裝水寶特瓶能當作保冷材，溶掉後又能當飲用水，平常就多準備幾個。要讓寶特瓶內飲料確實冷凍，大概需要兩天。為了防止家人停電中仍習慣性地打開冰箱，建議可在冰箱明顯處貼張提醒的標籤。

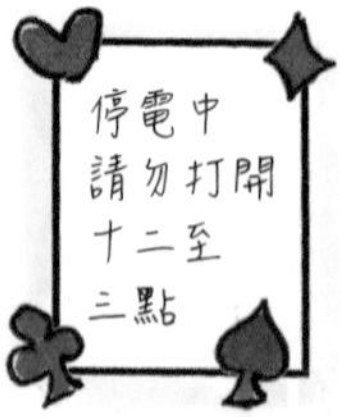
停電中
請勿打開
十二至
三點

停電對策

活用不同耗電時段實踐省電

冬天的用電尖峰時段
是早上和傍晚
多用於暖氣和煮飯
夏天的用電尖峰時段
是白天和傍晚
多用於冷氣和煮飯
耗電的熨燙衣服
和做點心等在深夜做吧
一個人的夏令時間制
早點上班
少加班也不錯

緊急狀況時的省電心得

一般所謂的省電對策，例如調整工廠開工時間或企業休假等，都很常見。但也有個人可以活用的時間差省電法，例如孩子放暑假期間，在用電尖峰時段去圖書館等地方，約朋友一起做功課等等就不錯。或學學西班牙的午睡制度，既可增進健康又可省電，可說是一石二鳥。

午睡吧

停電對策

用竹簾、灑水打造涼爽環境

避暑兼省電的方法

浸溼後產生涼感的毛巾、內裝保冷劑的頭巾、機能性涼感床單等，環保道具各式各樣。另外，傳統的竹簾也很有人氣，只要在上面整片灑水，只吹電扇也能感到涼爽，傍晚回到家開冷氣前，不妨試試。當然，灑在簾子的水記得用浴缸留著的水或防災用的保存水喔(參照P24、P25)。

涼感毛巾
內裝保冷劑的頭巾
保冷劑
竹簾
綠色窗簾
灑水
盡量不讓冷氣外部機體受到日照
這樣也有省電效果

聽到風鈴聲
就感到涼爽的，
只有日本人嗎？

7

熬過非常時期的生活智慧

非常時期的巧思

寶特瓶變身蓮蓬頭

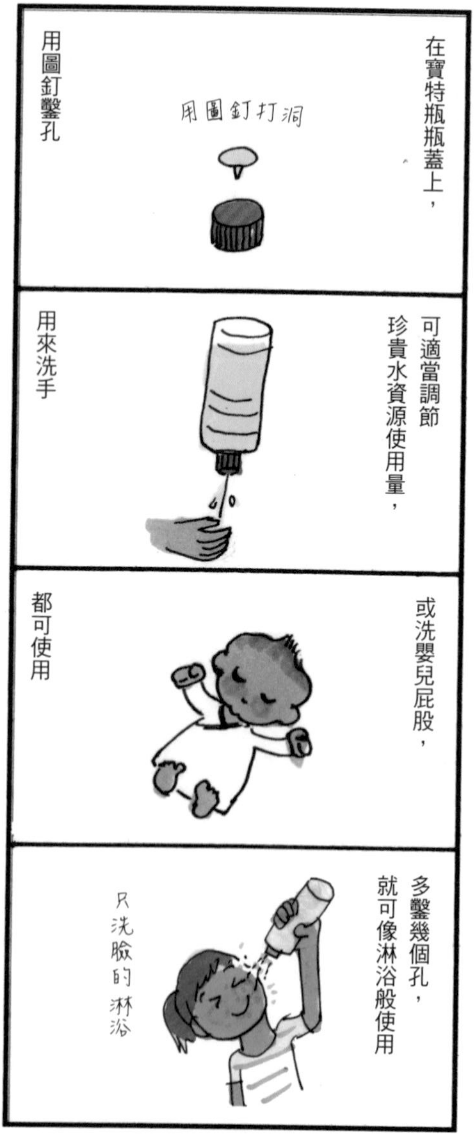
在寶特瓶瓶蓋上，
用圖釘打洞
用圖釘鑿孔
可適當調節
珍貴水資源使用量，
用來洗手
或洗嬰兒屁股，
都可使用
多鑿幾個孔，
就可像淋浴般使用
只洗臉的淋浴

預想無法隨意用水的狀況

儲水塔藉抽水幫浦給水的大廈、或雖在平地但也藉加壓站供水的地區等，都可能在災害時因停電等因素停止供水。這時可善用寶特瓶等方法，盡量節省飲用水外的用水。飲用以外其他用途需要的水也預想好，事先於家中備妥（參照P24、P25）。此外，無法洗澡時，不妨用足湯和溼毛巾讓身體清爽潔淨。

泡在42°C
熱水中
15-20分鐘
暖起來了

非常時期的巧思

徹底活用多功能的報紙

防寒
圍住腹部
可感到溫暖
防溼氣
可阻隔地面
的溼氣和寒氣
野餐墊
報紙
除臭
做成DIY
垃圾桶
包覆使用後
的刷布
其他還有多種用途
骨折時的夾板
玩具刀

平常就多準備報紙

報紙紙質和影印用紙等不同，因其表面無加工塗層，吸溼氣和防臭效果極佳。而報紙油墨的油分和水接觸後，有界面活性劑效果，因此從前也用於防蟲。此外，報紙也可活用於日常打掃，例如揉成一團的報紙可以把玻璃擦拭得亮晶晶。如上所述，報紙可以在許多地方派上用場。

將報紙鋪在
垃圾箱底可以除臭

也不會積汙水

活用保鮮膜

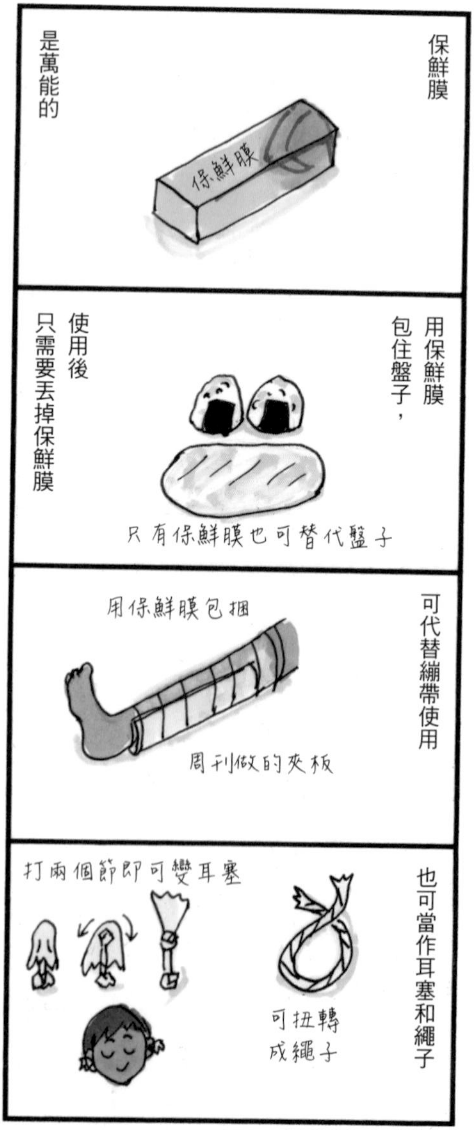
保鮮膜
是萬能的
保鮮膜
用保鮮膜
包住盤子，
使用後
只需要丟掉保鮮膜
只有保鮮膜也可替代盤子
可代替繃帶使用
用保鮮膜包捆
周刊做的夾板
也可當作耳塞和繩子
打兩個節即可變耳塞
可扭轉
成繩子

可當作繃帶和海綿的替代物！

保鮮膜揉亂成團後會變成類似海綿的東西，沒有繃帶時可用保鮮膜代替；或在繃帶上再綑一層保鮮膜，可達到防止雨水等水滴的保護效果。

和報紙一起
包覆腹部可防寒

非常時期的巧思

非常時期自製嬰兒用尿布

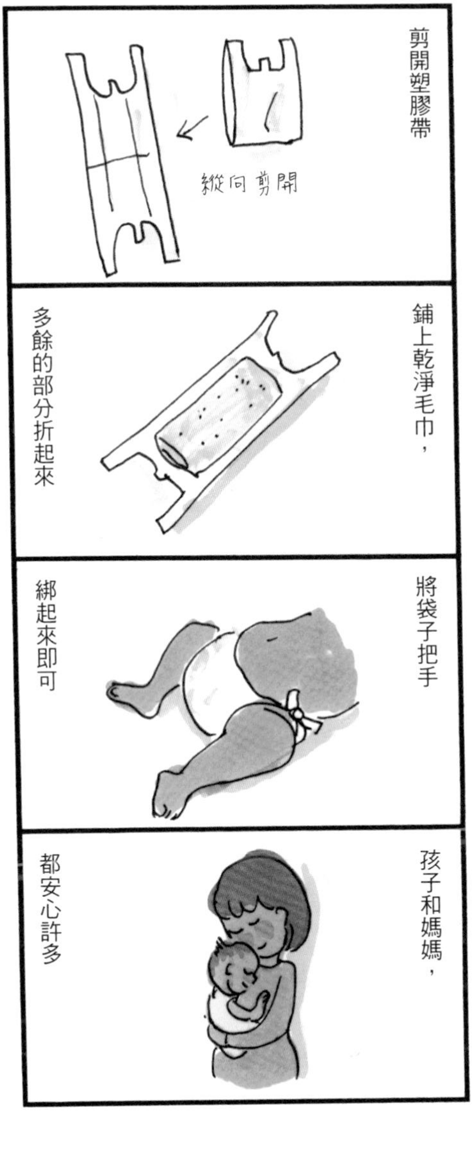
剪開塑膠帶
縱向剪開
鋪上乾淨毛巾，
多餘的部分折起來
將袋子把手
綁起來即可
孩子和媽媽，
都安心許多

用塑膠袋和毛巾製作緊急用尿布

就算所有超市和藥局都關門，嬰兒換尿布也無法多等。若沒有尿布，就花點巧思、用手邊易取得的東西DIY。若手邊沒有任何材料，大方地向身邊的人問問看。大家都會給予協助的。

讓周圍的人知道
自己帶著嬰兒，
接受他人幫忙

非常時期的巧思

自製嬰兒溼紙巾

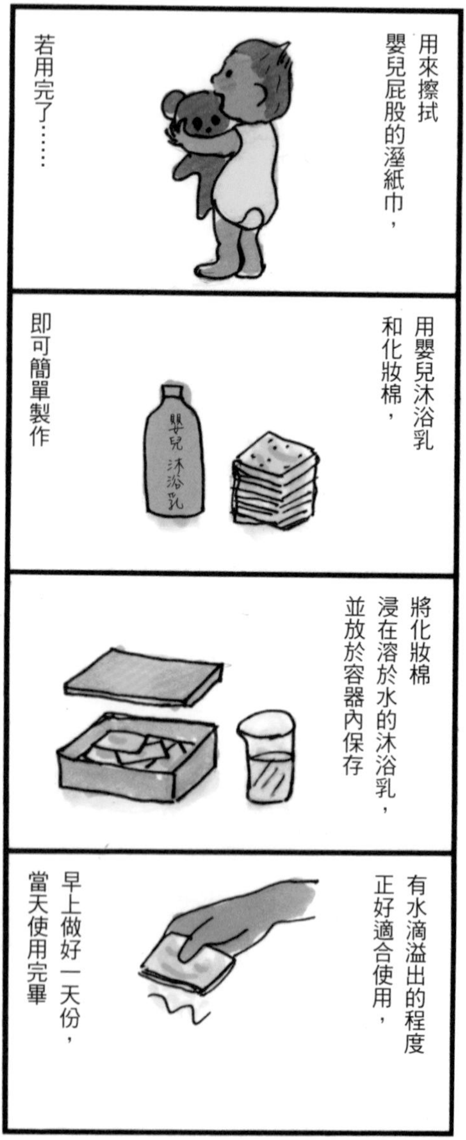
用來擦拭
嬰兒屁股的溼紙巾，
若用完了……
用嬰兒沐浴乳
和化妝棉，
即可簡單製作
嬰兒沐浴乳
將化妝棉
浸在溶於水的沐浴乳，
並放於容器內保存
有水滴溢出的程度
正好適合使用，
早上做好一天份，
當天使用完畢

用化妝棉和嬰兒沐浴乳即可完成

沐浴乳對於易起尿布疹的嬰兒肌膚很有效，而若想擦掉沾上的糞便等汙物，只要使用含大量水分的DIY紙巾，擰一下使水分流出沖掉附著物，即可簡單擦拭乾淨。只要一點點沐浴乳就好，記得別加太多。做好當天可用完的量，保存在有蓋子的容器中。

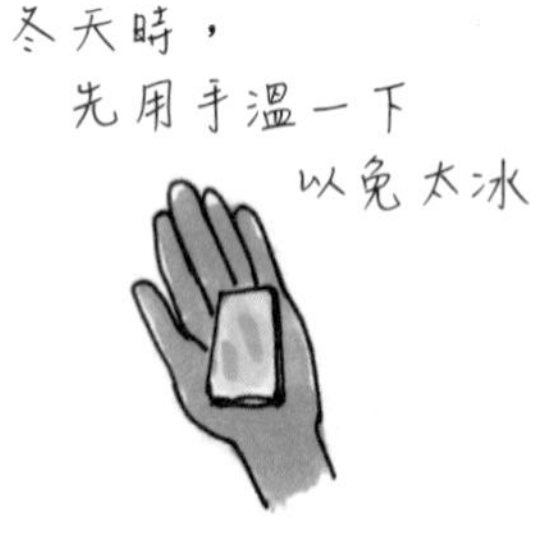
冬天時，
先用手溫一下
以免太冰

非常時期的巧思

自製寶特瓶捕蠅器

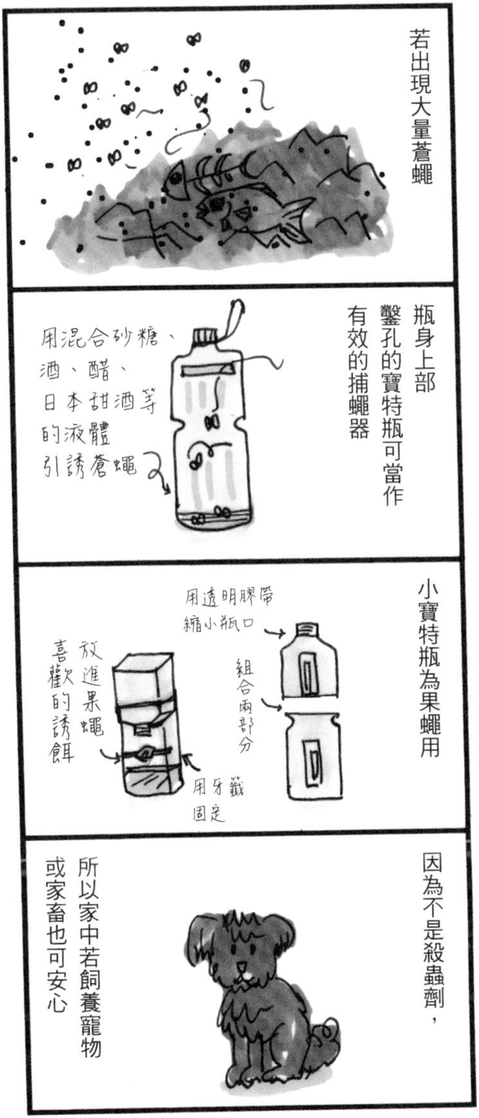
若出現大量蒼蠅
瓶身上部鑿孔的寶特瓶可當作有效的捕蠅器
用混合砂糖、酒、醋、日本甜酒等的液體引誘蒼蠅
小寶特瓶為果蠅用
用透明膠帶縮小瓶口
組合兩部分
放進果蠅喜歡的誘餌
用牙籤固定
因為不是殺蟲劑，
所以家中若飼養寵物或家畜也可安心

酒類等發酵物是很好的誘餌

利用寶特瓶製作簡單陷阱，讓循著醋或酒味飛來的蒼蠅進到瓶內便飛不出去。蒼蠅大量出現時，有時只需放上一天，便可積滿半瓶蒼蠅。當作誘餌的溶液等，另外用點巧思製作。瓶口需做得狹窄，讓蒼蠅逃不出來。此外，在誘餌液體內加入少許清潔劑攪拌，可以讓誤入瓶內的蒼蠅因界面活性劑作用溺死。不過，只要蒼蠅孳生源若沒清理，便無法根絕蒼蠅問題。

香蕉皮
是果蠅的最愛

非常時期的巧思

非常時期自製衛生棉

只要有布和膠帶即可製作衛生棉

無論何時、無論什麼突發狀況，生理期該來時還是會來！三一一大地震發生時，衛生棉便是急需支援的物資。此外，受傷時若用DIY衛生棉蓋住傷口，並於上方再包繃帶，因衛生棉可吸血，有助於保持乾爽。但仍需就醫。

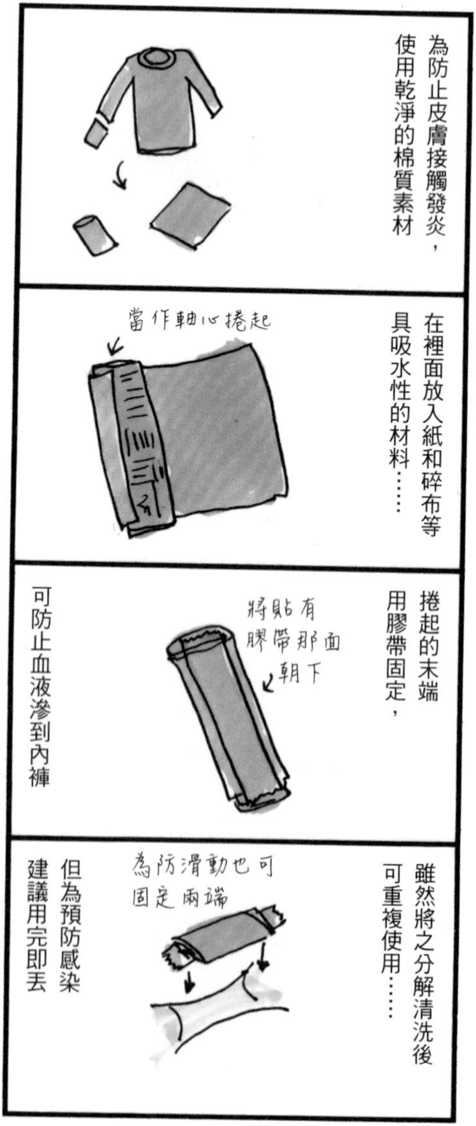
為防止皮膚接觸發炎，使用乾淨的棉質素材
在裡面放入紙和碎布等具吸水性的材料……
當作軸心捲起
捲起的末端用膠帶固定，
將貼有膠帶那面朝下
可防止血液滲到內褲
雖然將之分解清洗後可重複使用……
為防滑動也可固定兩端
但為預防感染建議用完即丟

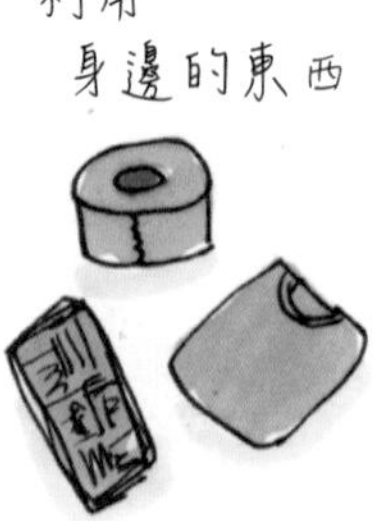
利用身邊的東西

非常時期的巧思

製作睡袋

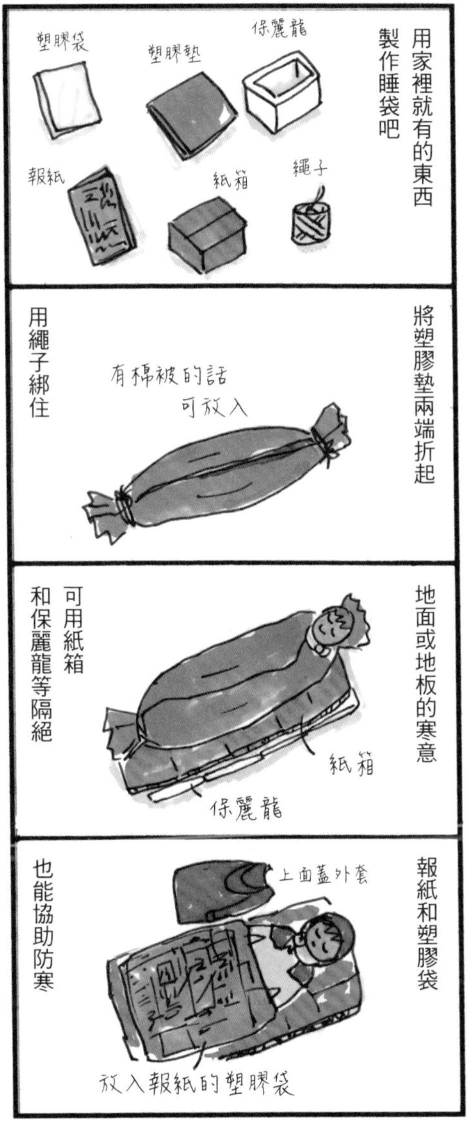
用家裡就有的東西
製作睡袋吧
保麗龍
塑膠墊
塑膠袋
繩子
紙箱
報紙
將塑膠墊兩端折起
有棉被的話
可放入
用繩子綁住
地面或地板的寒意
紙箱
保麗龍
可用紙箱
和保麗龍等隔絕
報紙和塑膠袋
上面蓋外套
放入報紙的塑膠袋
也能協助防寒

不得不野宿時也不擔心！

將保麗龍箱子解體、和紙箱重疊，便可緩解地面或地板的硬度和寒意。用報紙和衣服做出空氣防寒層，外面再鋪上塑膠墊防風。為了不流失溫暖空氣，記得也要包覆好肩頭。沒有塑膠墊時，也可將報紙放入塑膠袋，雙腳伸入其中當作棉被保暖。

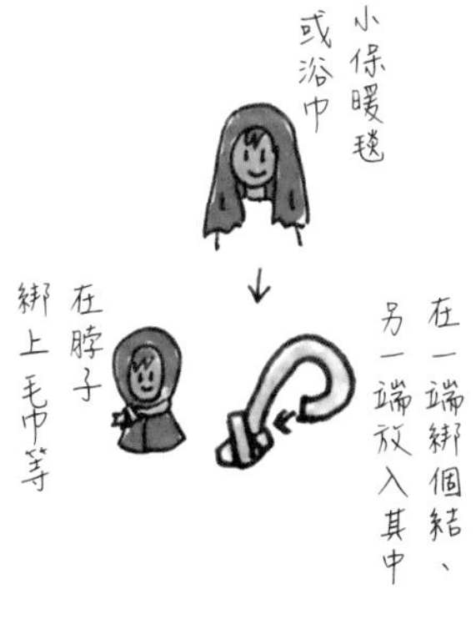
小保暖毯
或浴巾
在一端綁個結、
另一端放入其中
在脖子
綁上毛巾等

可遮蔽的斗篷

可當作攜帶式更衣室的自製更衣罩

在沒有隱私的避難所、或使用無遮蔽的緊急臨時廁所時等，都可派上用場。可利用舊的床單製作，使用較柔軟的薄布會十分輕巧，也方便收進緊急逃生包中，還可替代大毛巾被或披巾。尺寸做大些可方便大家使用，去海灘玩或露營時都可活用。

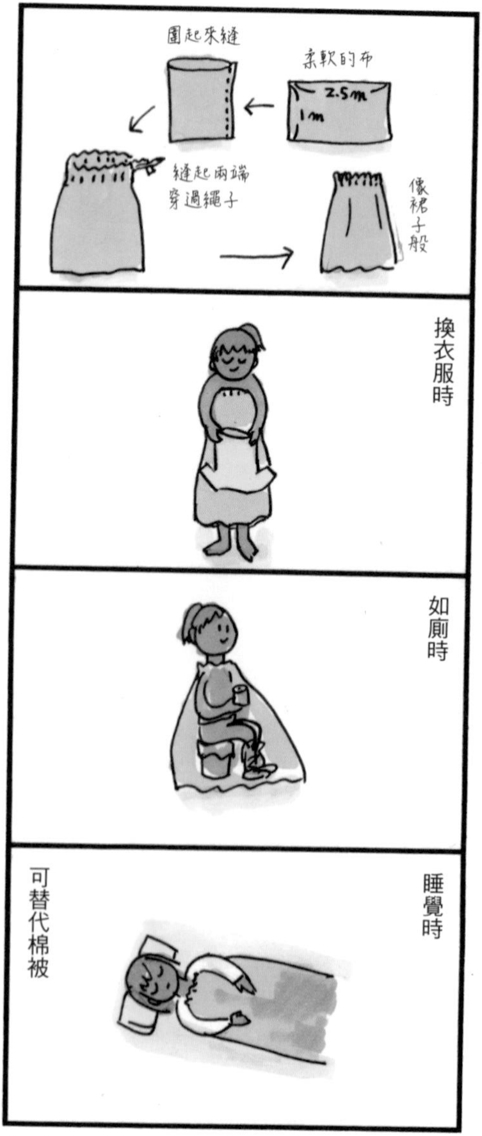
圍起來縫
柔軟的布
2.5m
1m
縫起兩端
穿過繩子
像裙子般
換衣服時
如廁時
睡覺時
可替代棉被

想獨處時便罩住全身

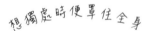

非常時期的巧思

多用途的絲襪

方便取得的絲襪
真的好暖和
穿在褲子內可防寒
因為可伸縮，
使用十分方便
受傷時可支撐手腕
捆起棉被
當作緩衝墊
也可當作繩子使用

不占空間、方便攜帶

具伸縮性的絲襪材質在平時就有很多功用，避難生活等非常時期也十分好用，例如將貴重物品放進絲襪綁在腹部就不會丟。可伸縮的材質，在避難所時，可將自己的物品、配給物品綁在一起，當作繩子。與繩索不同的是，以絲襪綑綁不易鬆脫但易解開，適合年長者使用。當然，即使是脫線的絲襪也很好用。

在陽台曬棉被時
也可使用

非常時期的巧思

萬能的日本傳統手巾

可手洗且快乾的日本手巾

手巾的特徵是兩端為直接剪開，因此易撕也易乾，因而被人們愛用著。對於只能手洗的避難生活也十分便利。

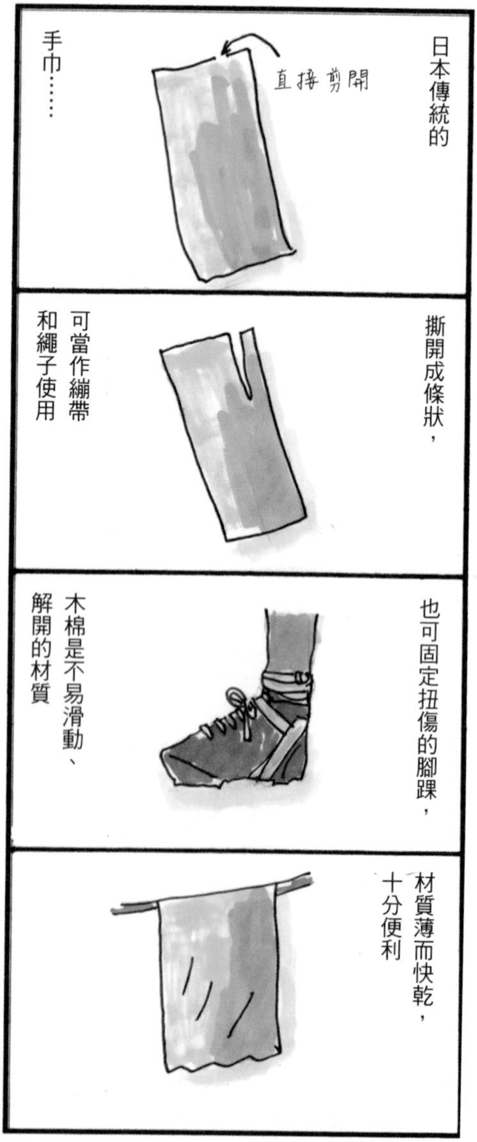
日本傳統的
直接剪開
手巾……
撕開成條狀，
可當作繃帶
和繩子使用
也可固定扭傷的腳踝，
木棉是不易滑動、
解開的材質
材質薄而快乾，
十分便利

也放入緊急用
逃生包裡
禮品

非常時期的巧思

具多種防護功能的雨衣

地震造成房屋倒塌
灰塵滿布
整理瓦礫時
也是塵土飛舞
雨衣可以
防雨、防風、防塵
也可防寒

避開灰塵和石綿

因地震而崩塌的建築物會產生許多灰塵和粉塵，滿布空中。而被海嘯或雨水淋溼的瓦礫，乾燥後也會散布灰塵。一旦人們開始清理，就會加重灰塵飛舞的狀況。老舊建築常用的石綿也會飄散空中，需要特別注意。這時，不妨活用雨衣避免弄髒衣服，這在無法洗衣服的災區十分便利。

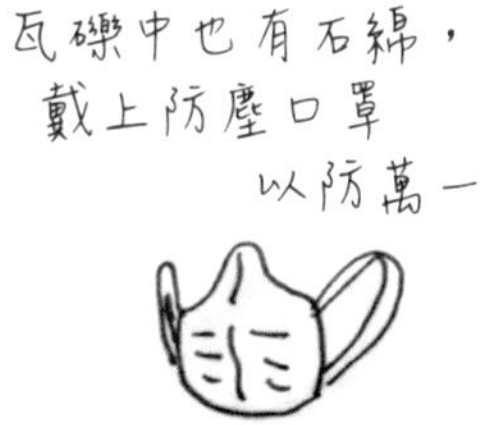
瓦礫中也有石綿，
戴上防塵口罩
以防萬一

非常時期的巧思

用寶特瓶製作保暖道具

用襪子和寶特瓶簡單製作簡易保溫用具

日本的寶特瓶可粗分為兩類，即熱飲用和冷飲用。溫熱飲品以熱飲用寶特瓶包裝販賣，瓶蓋為橘色。熱飲用寶特瓶以耐熱用材質製作，可用來製作保暖用具。而冷飲用寶特瓶裝入熱水雖不至於融化，但最好避免使用輕薄素材製作的環保寶特瓶等容器。此處說明的是最緊急的狀況，一般來說，寶特瓶倒入熱水容易變型、溶出毒素，請確認容器的耐熱度後再操作。

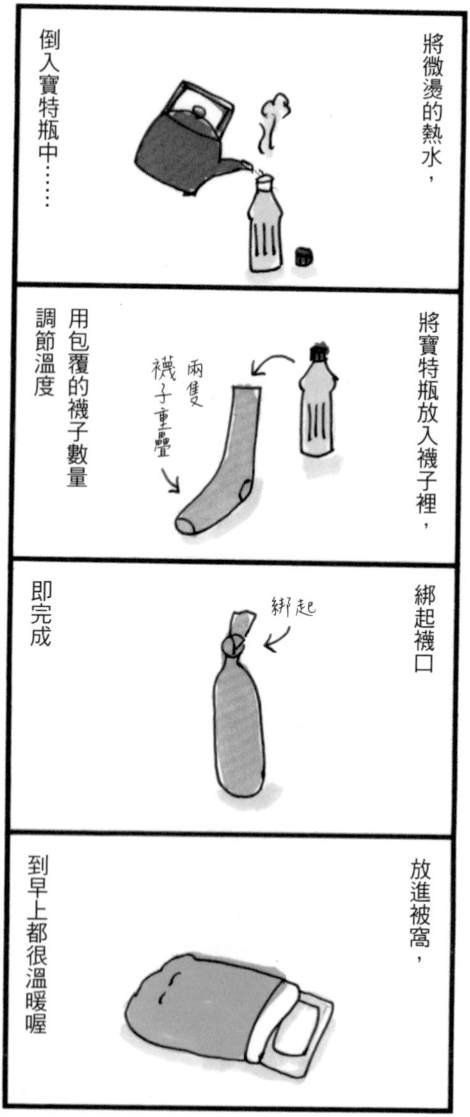
將微燙的熱水，
倒入寶特瓶中……
將寶特瓶放入襪子裡，
兩隻襪子重疊
用包覆的襪子數量調節溫度
綁起襪口
綁起
即完成
放進被窩，
到早上都很溫暖喔

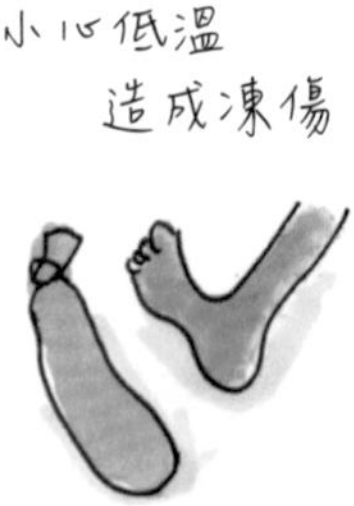
小心低溫
造成凍傷

用牛仔外套製作育嬰帶

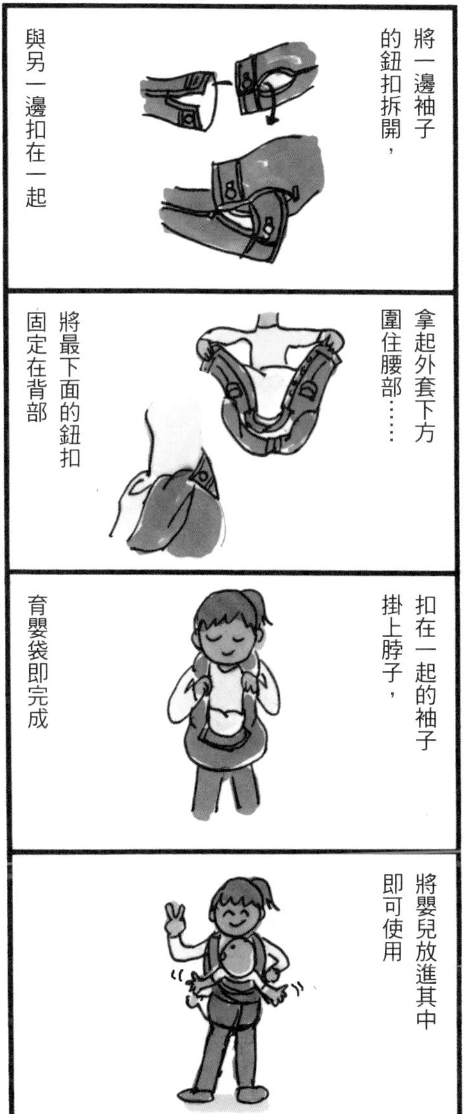
將一邊袖子
的鈕扣拆開，
與另一邊扣在一起
拿起外套下方
圍住腰部……
將最下面的鈕扣
固定在背部
扣在一起的袖子
掛上脖子，
育嬰袋即完成
將嬰兒放進其中
即可使用

牛仔單寧外套可耐重七十五公斤

單寧素材的起源是搭棚馬車的棚子，其最大特徵是耐用，單寧服飾上常用的鈕扣，也多以金屬製不易掉落的為主。若想用為育嬰帶，前提是金屬鈕扣必須牢固不會掉落。使用前，請先確認金屬鈕扣是否確實固定。依牛仔外套和媽媽、嬰兒的大小不同，使用條件也有所差異，需一邊調整一邊試用。此外，使用易鬆落暗扣等的牛仔外套，盡量不要使用於育嬰帶。

鈕扣牢固
且布料較厚的
牛仔外套

用圍裙製作嬰兒安全座椅

用圍裙製作安全座椅

在避難所等地，沒有嬰兒用座椅，但直接將易亂動的嬰兒放在普通椅子上十分危險。沒有嬰兒用座椅時，只要有件圍裙就可替代。不過，有些嬰兒手腳容易掙扎、亂動，請大人務必一直在旁看著。除了災害時期，平時出門時若沒有嬰兒用座椅，也可應變活用。

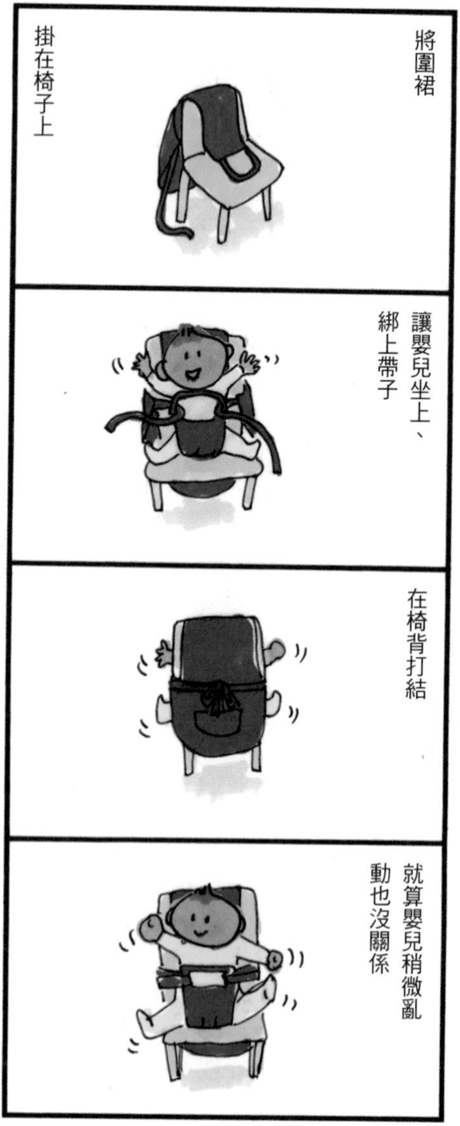
將圍裙
掛在椅子上
讓嬰兒坐上、
綁上帶子
在椅背打結
就算嬰兒稍微亂
動也沒關係

用一件圍裙完成

非常時期的巧思

用牛奶盒做湯匙

牛奶盒是多功能的材料

受災野炊時，若沒有筷子或湯匙等餐具想必很不便。牛奶盒不易透水，也容易加工成別種用途。例如橫切開變杯子、縱切則可當作咖哩盤，或全部剪開時，可替代砧板活用。

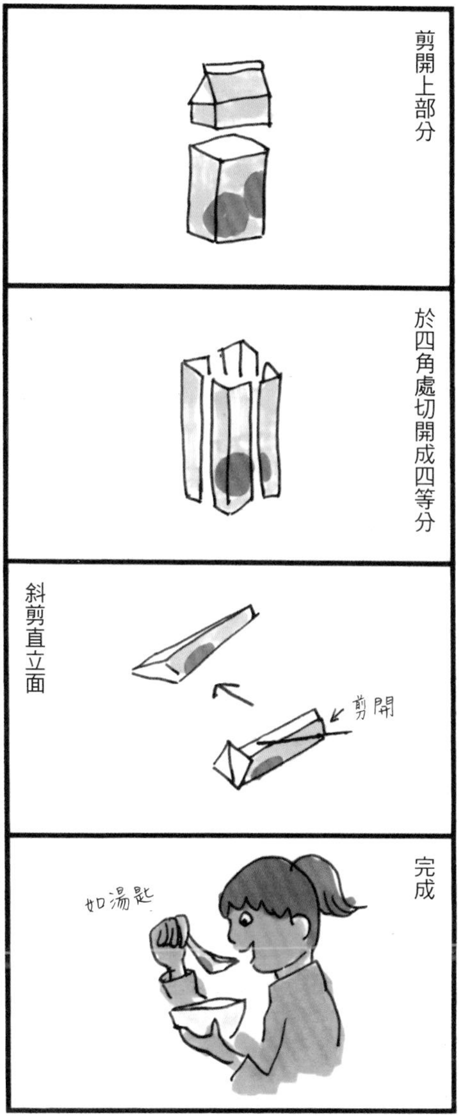
剪開上部分
於四角處切開成四等分
斜剪直立面
剪開
完成
如湯匙

將空盒洗淨折好，
方便攜帶

非常時期的巧思

用紙箱做桌子

讓避難中心的生活更舒適

只要有張小桌子，不論是吃便當或孩子想畫畫時，都十分方便。切割紙箱時，使用紙箱專門美工刀會更方便。假使沒有專用美工刀，也可使用廚房用剪刀。使用美工刀時有些危險，請小心。

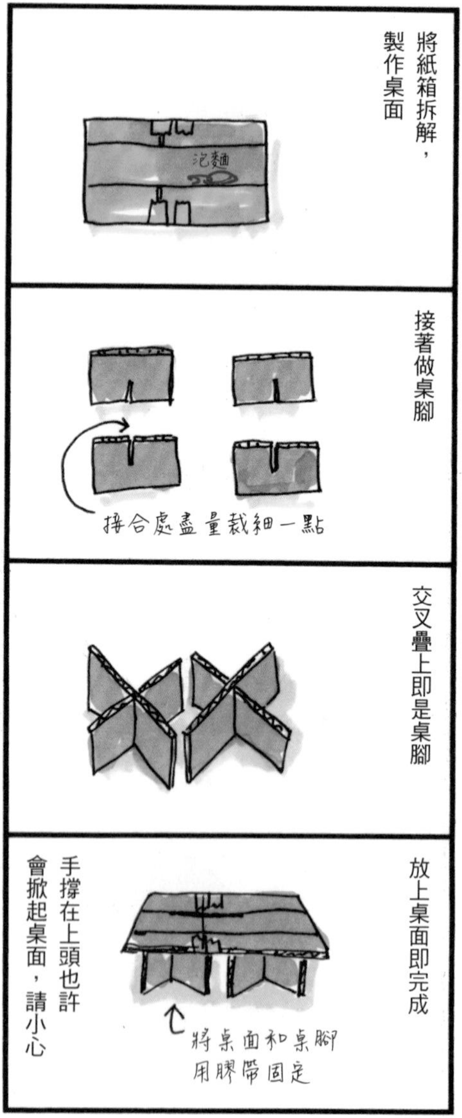

將紙箱拆解，製作桌面
泡麵
接著做桌腳
接合處盡量裁細一點
交叉疊上即是桌腳
放上桌面即完成
手撐在上頭也許會掀起桌面，請小心
將桌面和桌腳用膠帶固定

於避難中心
容易取得

非常時期的巧思

用紙箱做拖鞋

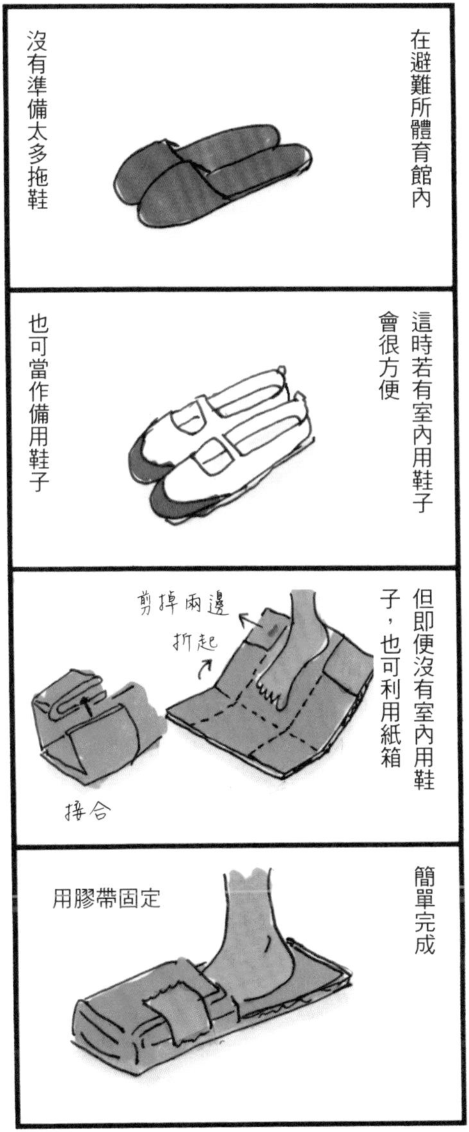

在避難所體育館內
沒有準備太多拖鞋
這時若有室內用鞋子
會很方便
也可當作備用鞋子
但即便沒有室內用鞋
子，也可利用紙箱
剪掉兩邊
折起
接合
簡單完成
用膠帶固定

在避難中心需穿拖鞋！

赤腳走在地板上易疲累，天冷時更會覺得冰冷。上廁所和在走廊上行走時，特別會想穿上拖鞋。最好事先將拖鞋準備在緊急逃生包裡，但若沒有準備拖鞋，也可用紙箱製作。報紙也可以，但稍有厚度的紙箱更適合。紙箱製作的拖鞋腳尖部分較窄，不易脫落十分舒適。但畢竟是用紙箱做的拖鞋，盡量在室內穿就好。

套上塑膠袋
更可防汙泥

8

非常時期的料理

用一根湯匙打開罐頭

利用槓桿原理就很簡單

最近無須開罐器就能打開的罐頭越來越多。一旦有需要時可能找不到開罐器，這時，可用湯匙來開開看。以湯匙尖端頂著，用力鑽五、六秒，施力在尖端點上。出現小洞後，用湯匙靠槓桿原理打開蓋子。不好打開時，也可於罐頭上交叉擺另一根湯匙，撐在其上以槓桿原理開罐。抓到訣竅前須費點力氣，不妨拜託力氣大的男士們。

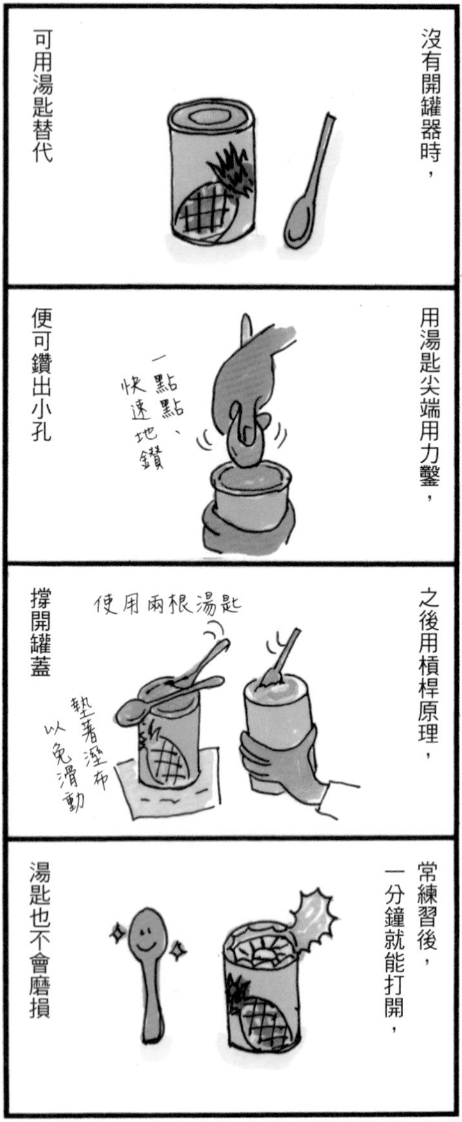
沒有開罐器時，
可用湯匙替代
用湯匙尖端用力鑿，
便可鑽出小孔
一點一點、快速地鑽
之後用槓桿原理，
撐開罐蓋
使用兩根湯匙
墊著溼布以免滑動
常練習後，一分鐘就能打開，
湯匙也不會磨損

可當作點心的水果罐頭
蜜豆

斷水時，料理多活用道具

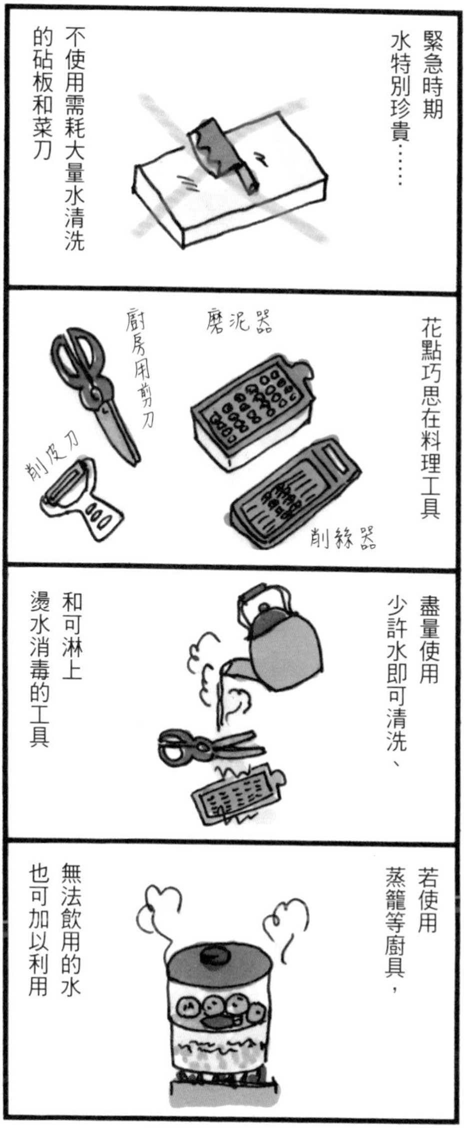
緊急時期
水特別珍貴……
不使用需耗大量水清洗
的砧板和菜刀
花點巧思在料理工具
磨泥器
廚房用剪刀
削皮刀
削絲器
盡量使用
少許水即可清洗、
和可淋上
燙水消毒的工具
若使用
蒸籠等廚具，
無法飲用的水
也可加以利用

輕巧便利的料理工具

切食材時，可活用磨泥器或削絲器；廚房用剪刀可替代菜刀、切薄片時可使用削皮刀，這些都很方便。淺井水等無法飲用的水，可利用在蒸煮料理。或將食材放進塑膠袋中緊封袋口，放進鍋中滾沸的生活用水裡燙熟。事先準備大小尺寸齊全的塑膠袋，即可應用在各種用途，十分便利。

事先備妥大小塑膠袋
替代手套
替代飯碗
裝水用

用剩飯製作可保存半年的儲備糧食

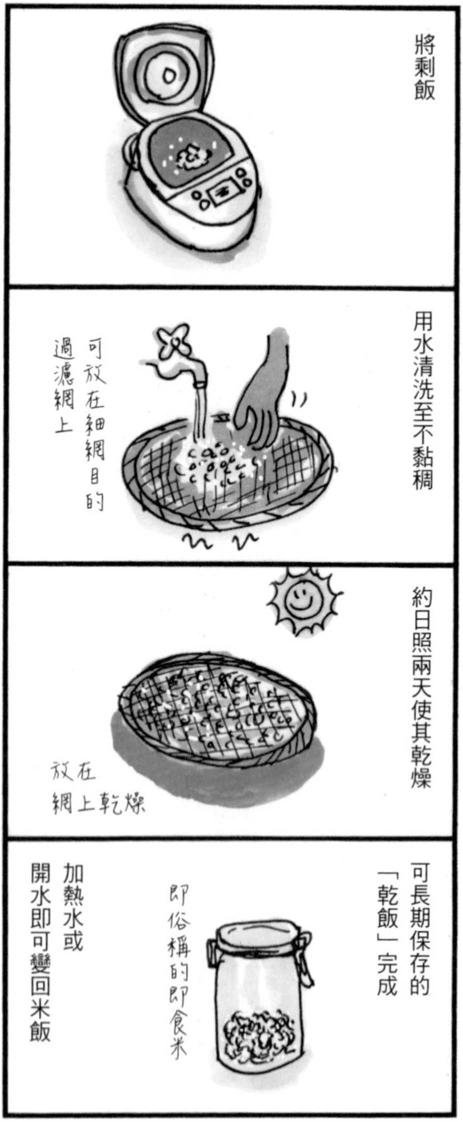
將剩飯
用水清洗至不黏稠
可放在細網目的過濾網上
約日照兩天使其乾燥
放在網上乾燥
可長期保存的「乾飯」完成
即俗稱的即食米
加熱水或開水即可變回米飯

忍者和戰國武將也吃過的「乾飯」

乾燥過的米飯被稱為「乾飯」，自古即被當作旅行的攜帶口糧或戰爭的緊急糧食，廣被利用。現在，變身成名為「即時米」的必備緊急糧食，只要保存在密閉容器，據說可維持半年不壞。冷水一小時、熱水三十分鐘沖泡後，即成平常的米飯。另外，若不泡水而是直接油炸，就變成美味的「仙貝」。
日本古代步兵也隨身帶著的即食米

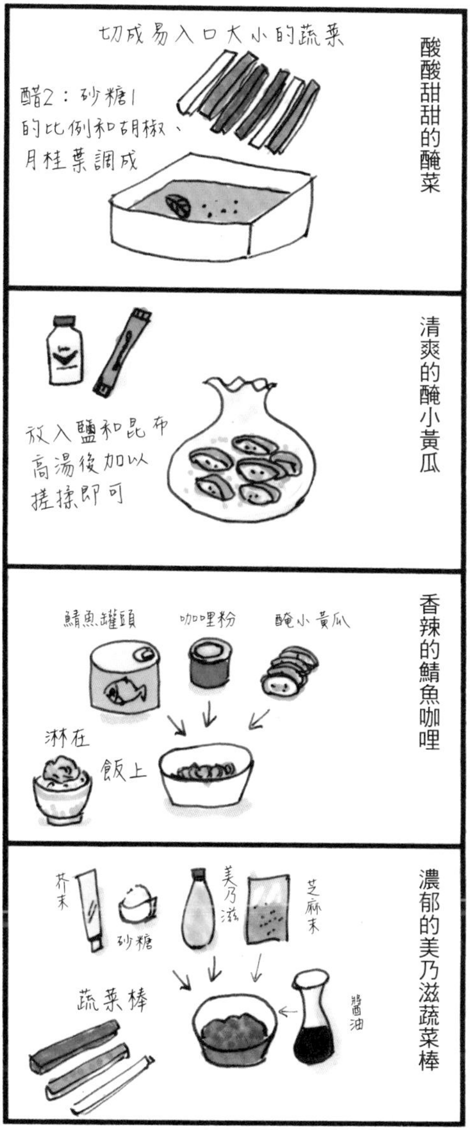
酸酸甜甜的醃菜
切成易入口大小的蔬菜
醋2：砂糖1
的比例和胡椒、
月桂葉調成
清爽的醃小黃瓜
放入鹽和昆布
高湯後加以
搓揉即可
香辣的鯖魚咖哩
鯖魚罐頭
咖哩粉
醃小黃瓜
淋在
飯上
濃郁的美乃滋蔬菜棒
芥末
砂糖
美乃滋
芝麻末
醬油
蔬菜棒

善用醃漬食品和罐頭

即便是非常時期，持續只吃調理包食物也會忍不住想吃蔬菜吧。這時，若平常就有準備醃漬食品，不僅能換換口味，還能補充維他命。活用罐頭和花點巧思在調味上。另外，為預防食物中毒，可多使用醋或準備可以剛好吃完的分量。

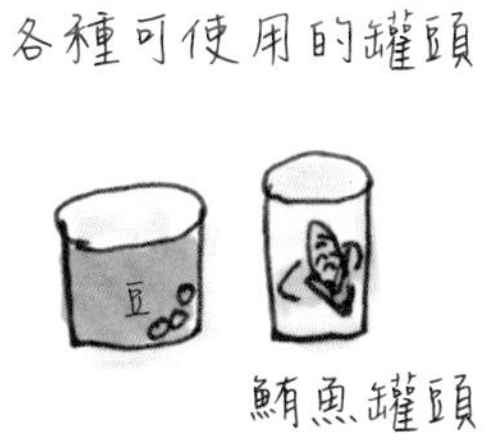
各種可使用的罐頭
豆
鯖魚罐頭

用鋁罐製作爐灶

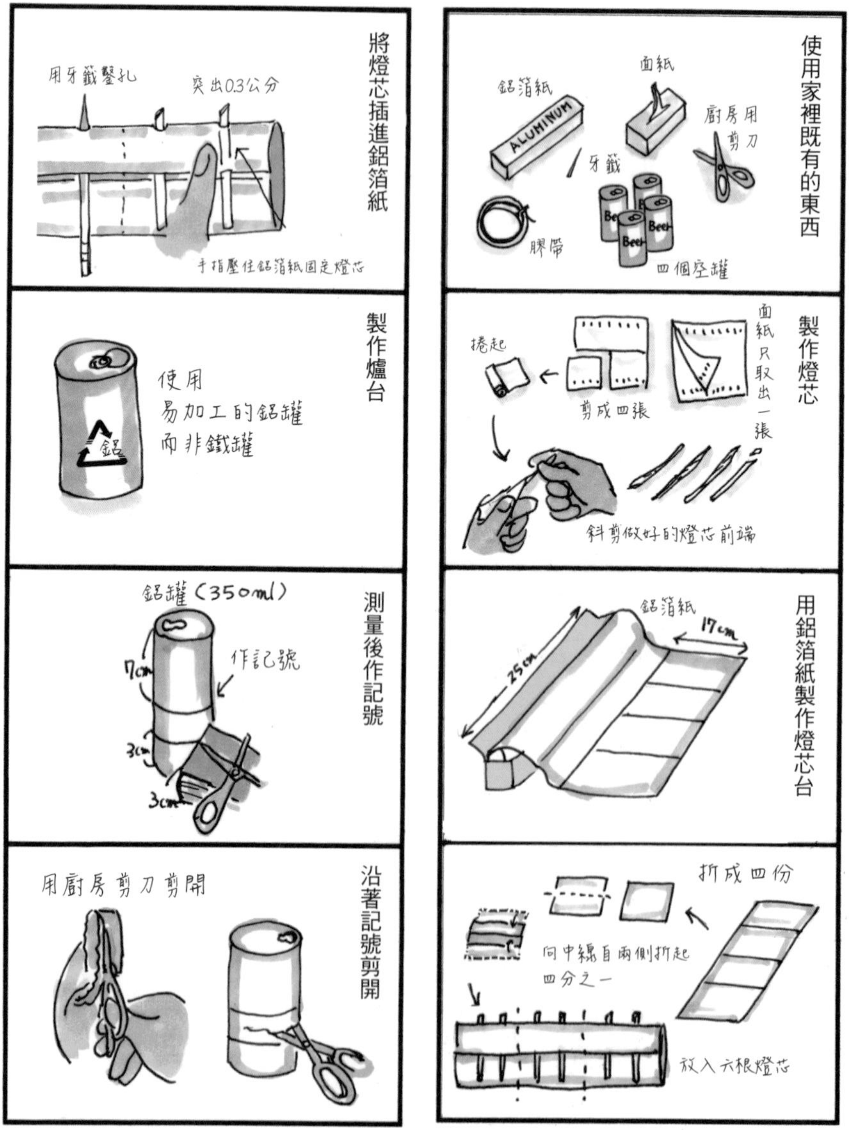

使用家裡既有的東西
面紙
鋁箔紙
ALUMINUM
廚房用剪刀
牙籤
膠帶
Beer
四個空罐
製作燈芯
面紙只取出一張
捲起
剪成四張
斜剪做好的燈芯前端
用鋁箔紙製作燈芯台
鋁箔紙
17cm
25cm
折成四份
向中線自兩側折起四分之一
放入六根燈芯
將燈芯插進鋁箔紙
用牙籤鑿孔
突出0.3公分
手指壓住鋁箔紙固定燈芯
製作爐台
使用
易加工的鋁罐
而非鐵罐
鋁
測量後作記號
鋁罐(350ml)
作記號
7cm
3cm
3cm
沿著記號剪開
用廚房剪刀剪開

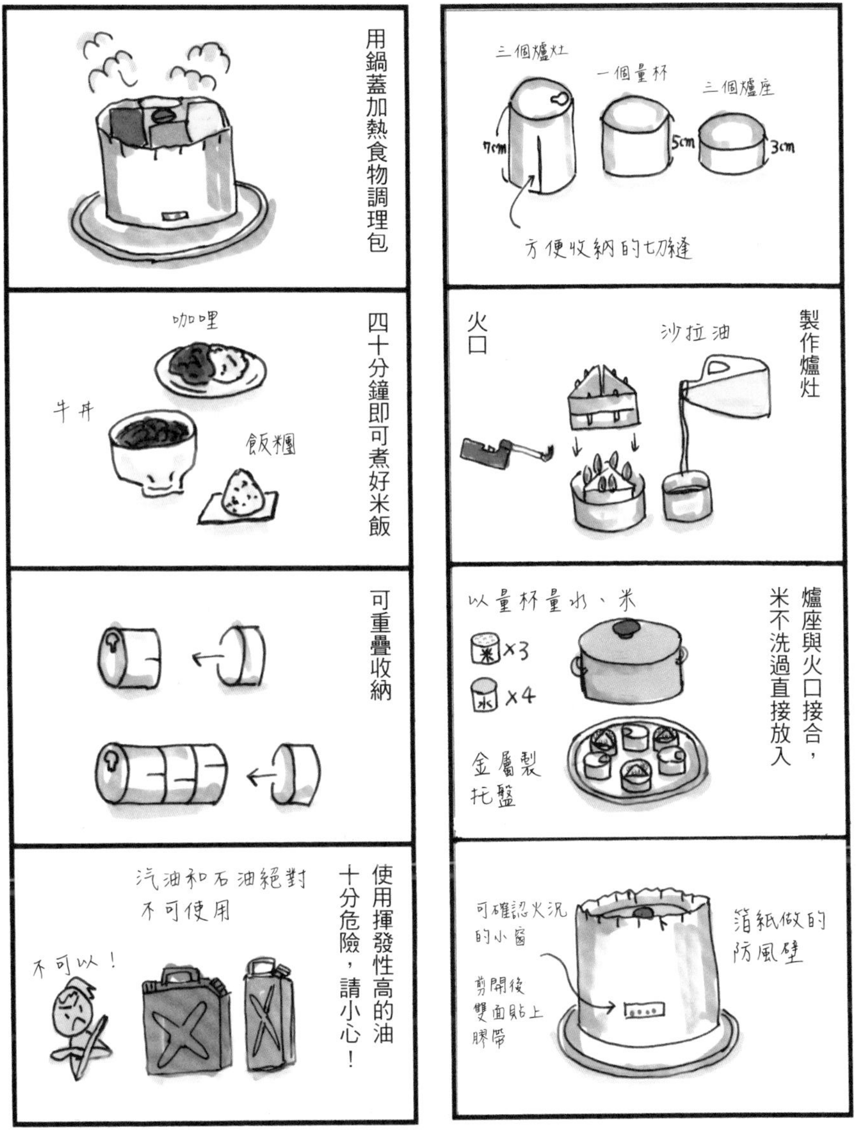

＊食用油360℃以內無法點燃

活用夾鏈袋煮飯

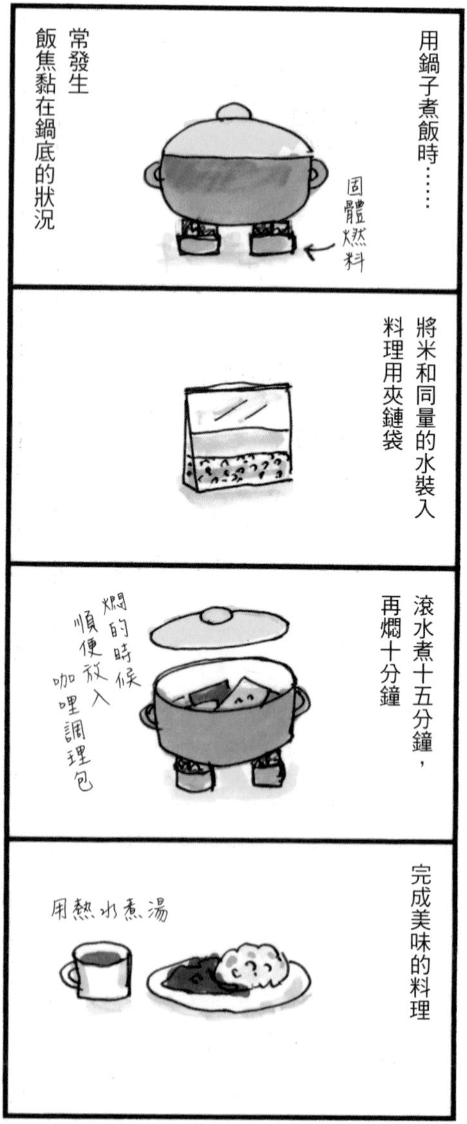
用鍋子煮飯時……
固體燃料
常發生飯焦黏在鍋底的狀況
將米和同量的水裝入料理用夾鏈袋
滾水煮十五分鐘，再燜十分鐘
燜的時候順便放入咖哩調理包
完成美味的料理
用熱水煮湯

盡量減少洗碗盤的數量

用鍋子煮飯時，很難不讓飯焦黏鍋底，清洗鍋底又會耗掉不少珍貴的水。因此，非常時期煮飯，若使用夾鏈袋將十分便利。使用後的熱水可活用來煮湯或煮咖啡。當然，因為是非常時期，即便不是免洗米也不用清洗直接煮飯吧。隨米量不同，炊飯時間長短也有所差異。

也有防災專用的炊飯袋

製作保溫料理道具

避難生活中的燃料格外珍貴
厚浴巾
紙箱
將報紙一張張揉成團狀塞滿
將沸騰過的鍋子
依食材和做法有所差異，約在五至十分鐘
直接放入保溫用具
浴巾兩端折起，再蓋上棉被
蓋上棉被
因湯汁不會蒸發，調味可重些
放置三十分鐘使其燜透

節約燃料又安全

所謂的保溫料理用具，指的是可持續保溫已沸騰過燉煮料理的用具。這類器具不用一直開火，安全性高，且因不會沸騰，可避免燉煮到過爛、保持美味。不過，料理器具無法替代冰箱，注意別把食物放到過夜而腐壞。

使用保麗龍箱子
可提高效果！

9

非常時期的衛生、健康管理

緊急用廁所與攜帶型廁所

緊急用廁所相關知識

平常可見的囤積式臨時廁所，因便槽量有限無法對應所有避難者。下水道孔式廁所直接和下水道本管的水道孔連接，無需在意便槽量。攜帶式廁所就和嬰兒尿布一樣，吸收尿液凝固後丟棄。

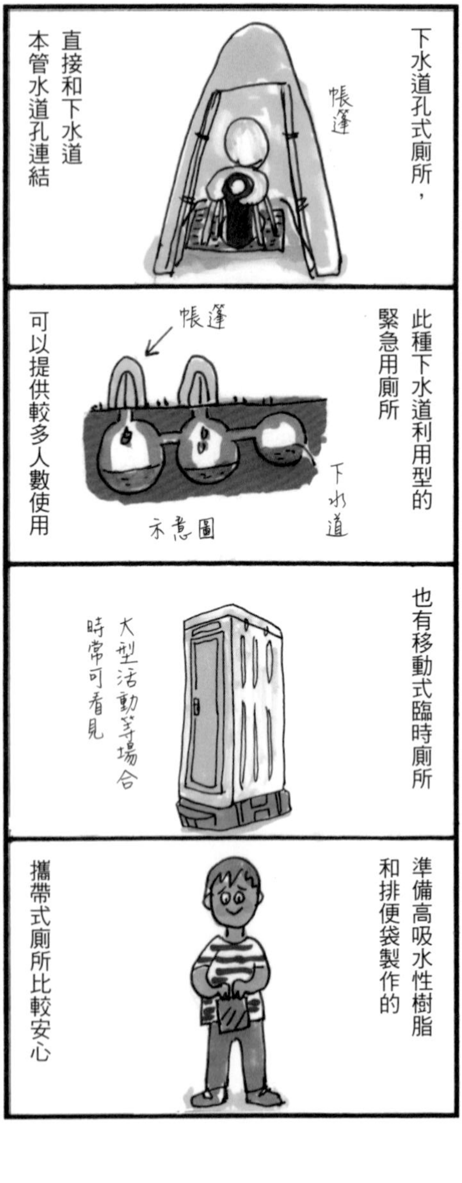
下水道孔式廁所，
直接和下水道
本管水道孔連結
帳篷
此種下水道利用型的
緊急用廁所
可以提供較多人數使用
帳篷
下水道
示意圖
也有移動式臨時廁所
大型活動等場合
時常可看見
準備高吸水性樹脂
和排便袋製作的
攜帶式廁所比較安心

在紙箱或水桶上罩上排便袋，如廁後倒上凝固劑

非常時期的衛生

準備個人專屬廁所

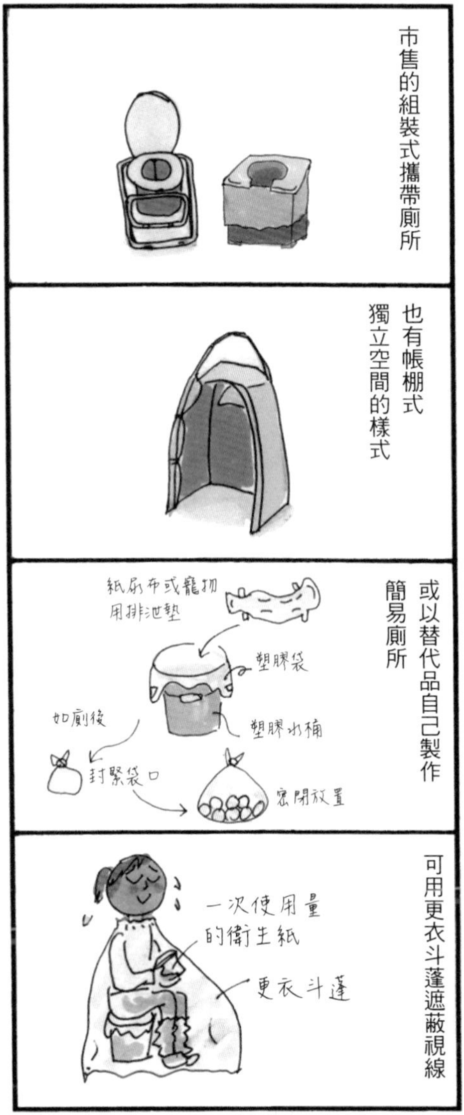

市售的組裝式攜帶廁所
也有帳棚式
獨立空間的樣式
或以替代品自己製作
簡易廁所
紙尿布或寵物用排泄墊
塑膠袋
塑膠水桶
如廁後
封緊袋口
密閉放置
可用更衣斗蓬遮蔽視線
一次使用量的衛生紙
更衣斗蓬

分秒必爭的如廁問題

避難生活中，大家使用的廁所常擁擠或骯髒。有人因此減少攝取水分避免上廁所，結果弄壞身體。大人小孩都會面臨的如廁問題，建議事先設定最糟的狀況。市售的攜帶型廁所使用「高吸水性樹脂」，事先備妥在緊急逃生包裡是最好方法。如果沒有，也可利用內含高吸水性樹脂的紙尿布或寵物用排泄墊、紙箱等來DIY製作簡易廁所（幼兒便座）。

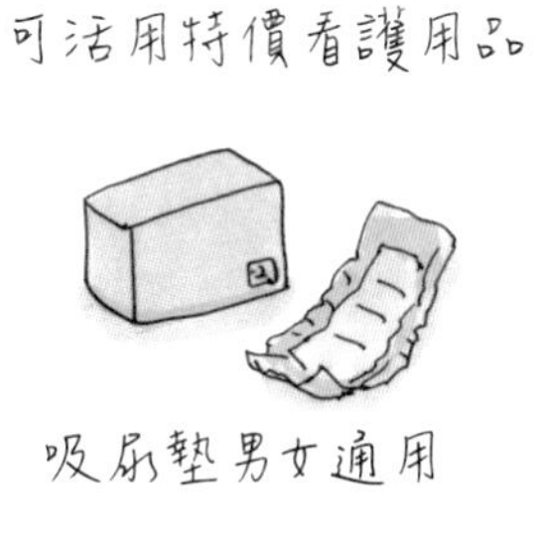

可活用特價看護用品
吸尿墊男女通用

用報紙和塑膠袋製作簡易廁所

重疊兩張塑膠袋
蓋在水桶上方
將揉亂的報紙
放入水桶
如廁後
如有消毒用噴劑
可加以噴灑
依狀況更替塑膠袋
紙箱做的蓋子

更簡單的DIY廁所

前頁介紹的簡易廁所，若手邊沒有高吸水性樹脂也可改用報紙。停水時無法使用沖洗式廁所，即便恢復供水，下水道水管是否可用尚待確認；若是公寓，也需注意排水是否漏水至樓下住戶。此外，隨意在公園等地方如廁、或在公共場所掩埋穢物、排放到河川等行為，都是不對的。排泄物必須自己處理，可以向居住地的政府機關詢問確認後，再丟棄。

不得已需
在戶外如廁時的
終極遮掩法
在傘緣
縫上布
準備在車上十分方便

在庭院建廁所

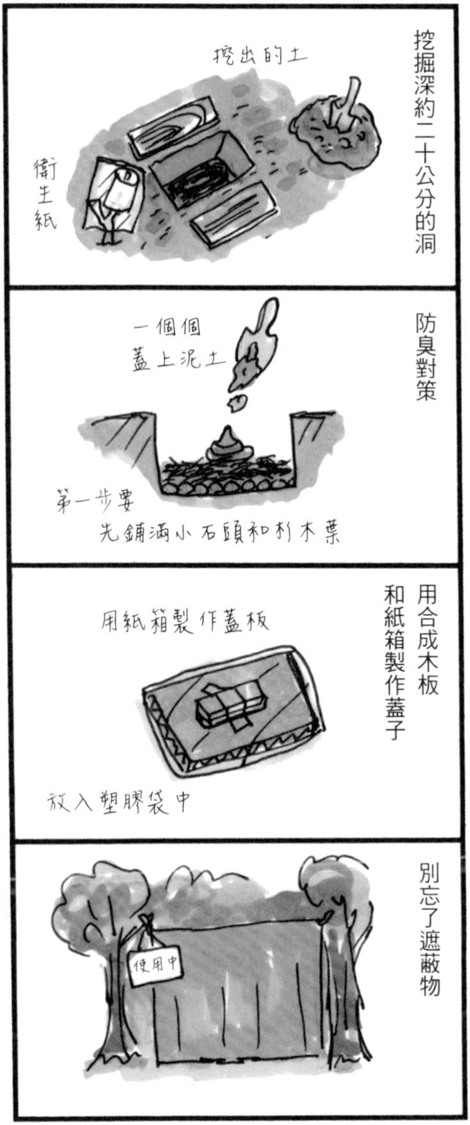
挖掘深約二十公分的洞
挖出的土
衛生紙
防臭對策
一個個
蓋上泥土
第一步要
先鋪滿小石頭和杉木葉
用合成木板和紙箱製作蓋子
用紙箱製作蓋板
放入塑膠袋中
別忘了遮蔽物
使用中

只限於自家庭院

在野外蓋廁所時，可活用杉木葉或澆土來防臭味。排泄物過段時間會被分解，但生理用品等因有高吸水性樹脂無法分解，必須另外處理。另外，挖過的地方做好記號，避免下次不小心重新挖到！當然，這只限於自家庭院。

掩埋後做上記號

骨折的緊急處置

勉強扳動可能造成神經和血管損傷

傷口腫起且形狀和顏色改變，或移動接觸都有激烈疼痛感時，就有可能是骨折。有此可能時，就當作骨折處理；放上夾板，好好固定住骨折部位十分重要。

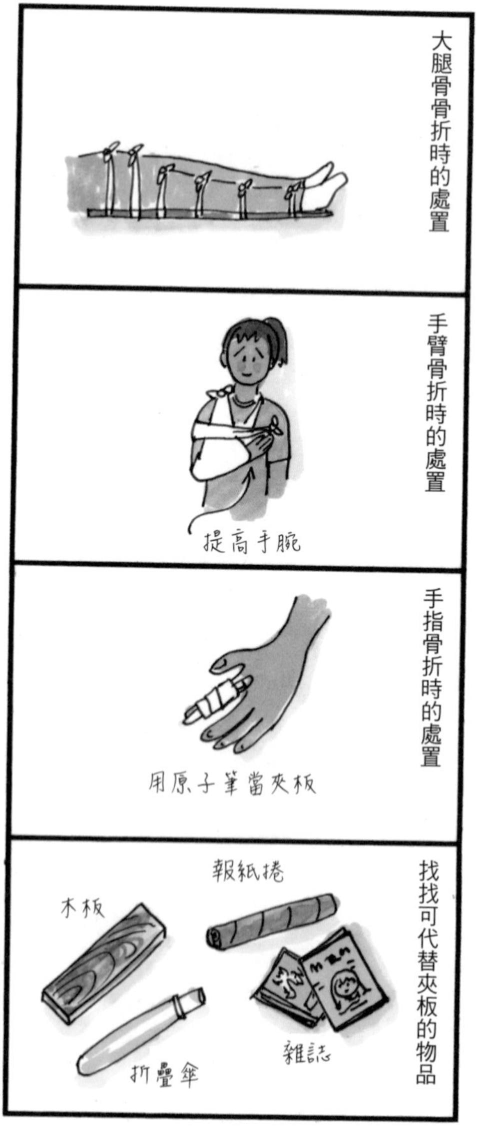
大腿骨骨折時的處置
手臂骨折時的處置
提高手腕
手指骨折時的處置
用原子筆當夾板
找找可代替夾板的物品
報紙捲
木板
雜誌
折疊傘

沒有繃帶時，
將毛巾剪成未斷
條狀展開後使用

三角巾的使用法①

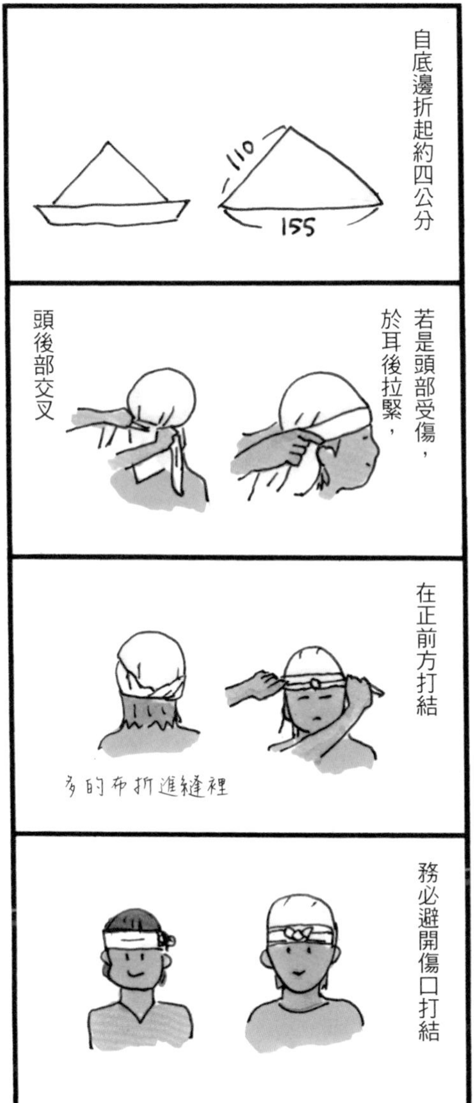
自底邊折起約四公分
110
155
若是頭部受傷，於耳後拉緊，
頭後部交叉
在正前方打結
多的布折進縫裡
務必避開傷口打結

一邊向傷者說話 一邊包紮

三角巾是用在止血、保護創傷部位和預防感染，及緩和疼痛等狀況。不限傷口大小、適用於身體各部位，是緊急時有效且便利的用具。有出血時，先以乾淨的紗布等物覆蓋於傷口上再包紮。此外，記得別讓三角巾接觸到地面或地板。包紮時，太緊會影響血液流通，太鬆則會掉落，一邊聽傷者的感受一邊調整。

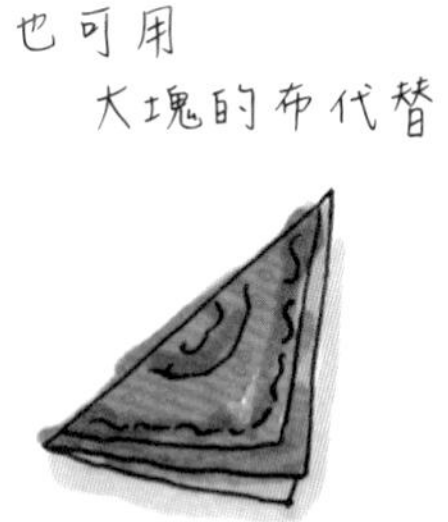
也可用
大塊的布代替

三角巾的使用法②

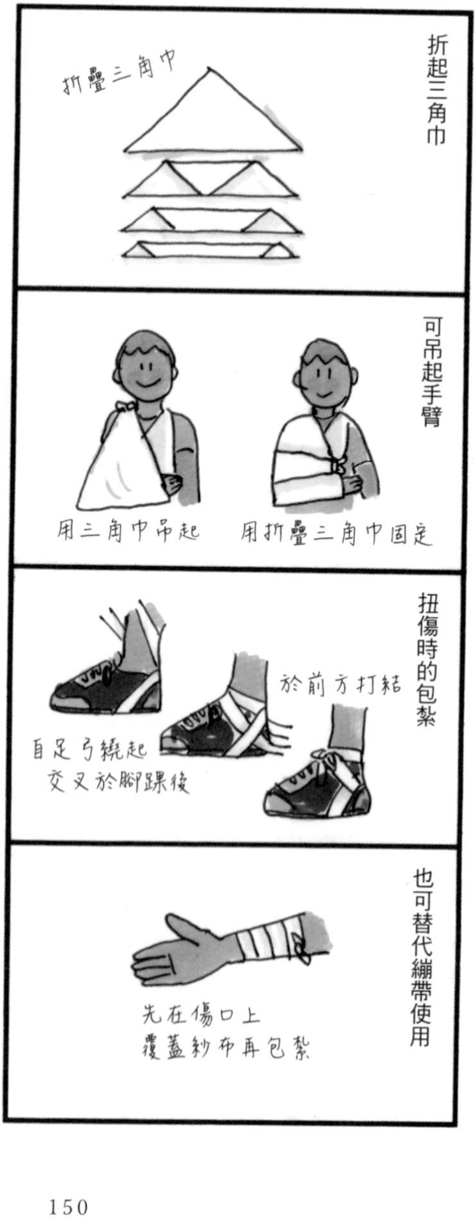

折起三角巾
折疊三角巾
可吊起手臂
用三角巾吊起
用折疊三角巾固定
扭傷時的包紮
自足弓繞起
交叉於腳踝後
於前方打結
也可替代繃帶使用
先在傷口上
覆蓋紗布再包紮

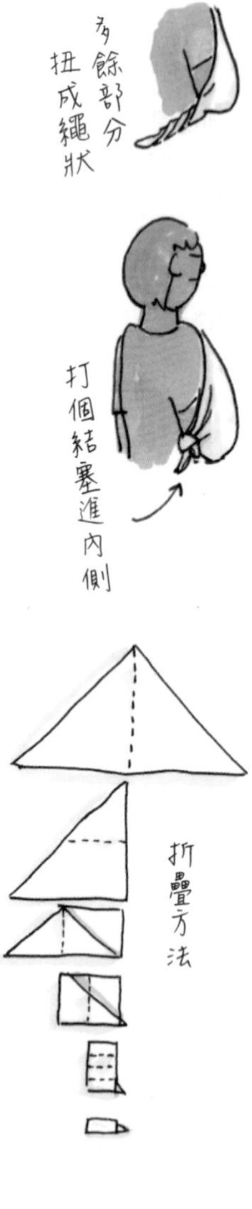

多餘部分
扭成繩狀
打個結塞進內側
折疊方法

搬運尚有意識的人

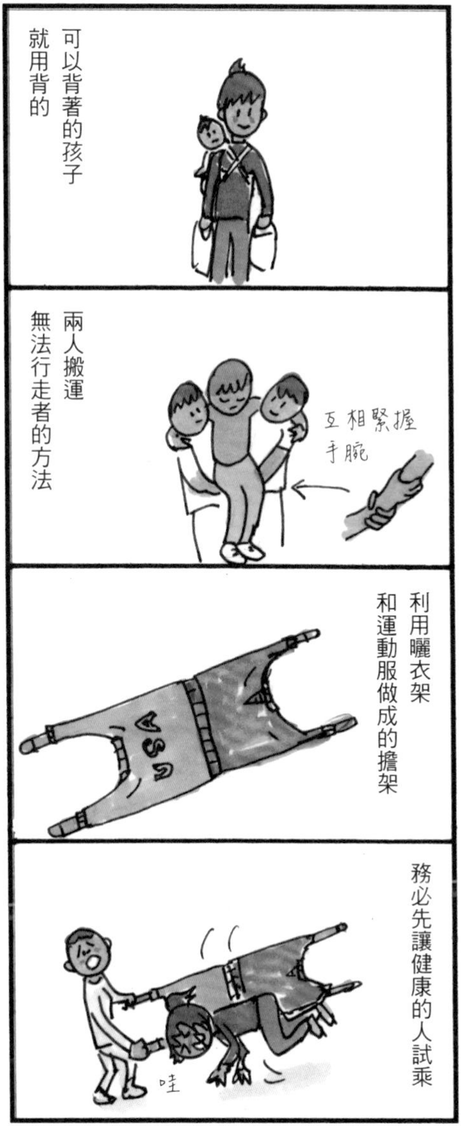
可以背著的孩子
就用背的
兩人搬運
無法行走者的方法
互相緊握
手腕
利用曬衣架
和運動服做成的擔架
務必先讓健康的人試乘
哇

安全搬運第一

搬運人非常費力，若是沒經驗的人來做，也會有危險。但緊急時，常碰到必須將人搬運到安全地點的狀況。搬運大人時，最好兩個人以上小心搬運。也有讓傷者坐在椅子上再由兩人搬運的方法。有困難時，向周圍的人請求協助。

搖搖晃晃
的嬰兒

搬運失去意識的人

自危險場所移開

必須先將失去意識的傷病患等，自危險場所移動至安全處時，可使用此搬運法。移動或搬運傷病患者，無論何時都伴隨風險，例如現場狀況和環境（有無協助者或設備）、或傷病者狀態（有無意識）、受傷部位等，都必須把握後再選擇正確方法。

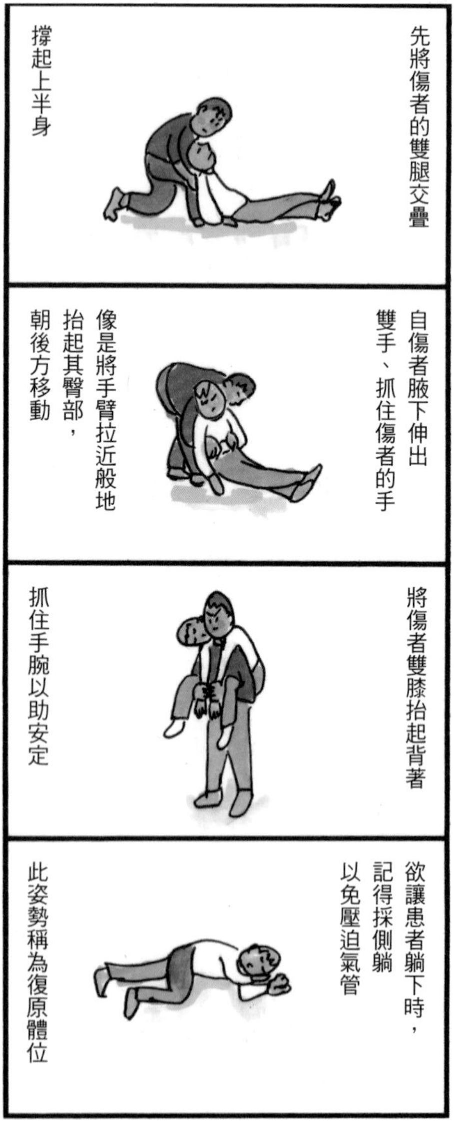
先將傷者的雙腿交疊
撐起上半身
自傷者腋下伸出雙手、抓住傷者的手
像是將手臂拉近般地抬起其臀部，朝後方移動
將傷者雙膝抬起背著
抓住手腕以助安定
欲讓患者躺下時，記得採側躺以免壓迫氣管
此姿勢稱為復原體位

公主抱只限定
用於體重輕的人

失溫症的急救法

人在寒冷時
或有痼疾、疲勞、營養不足等原因時
可能會陷入失溫症
發抖和不連貫地談話，都是失溫症的徵兆
體溫極端下降時會陷入昏睡狀態導致死亡
這時需要補給水分和熱量
在大血管的部位加以保暖
脖子
腋下
鼠蹊部
腳踝

事先擬好避難所寒冷時的對策

身體的中心溫度下降到三十五度時，會陷入失溫狀態。若患者衣服是溼的，先協助更衣。請給予患者熱飲（沒有的話冷的亦可），或患者沒有吞嚥困難時亦可提供有營養的食物。將35℃上下的熱水放入寶特瓶等容器當作保暖器，並放在腋下、鼠蹊部、脖子四周（可接觸脈搏處）。可能的話，由健康的人赤裸著直接以肌膚給失溫者溫暖，也是有效方法。

可煮熱無法飲用的水裝入
寶特瓶保暖器

按摩牙齦以預防肺炎

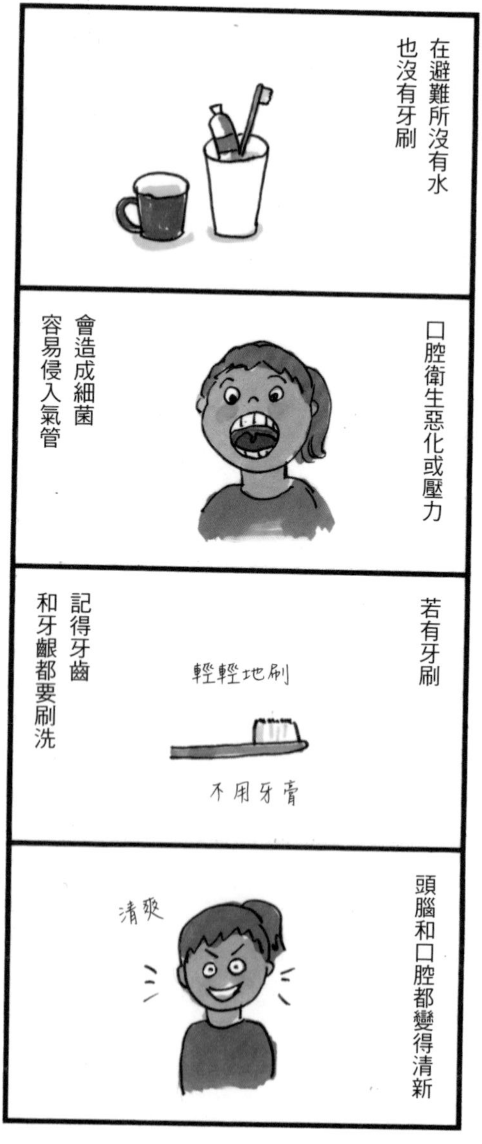
在避難所沒有水
也沒有牙刷
口腔衛生惡化或壓力
會造成細菌
容易侵入氣管
若有牙刷
輕輕地刷
不用牙膏
記得牙齒
和牙齦都要刷洗
頭腦和口腔都變得清新
清爽

牙齦直接連結腦部

在避難所，常發生高齡者罹患肺炎的例子。肺炎的主因是口腔內的口腔細菌。避難生活讓身體活動減少、腦部血液循環不佳，導致口腔細菌容易侵入肺部。用牙刷按摩、刺激牙齦可促進腦部血液增加，防止口腔細菌侵入肺部。此外，還能幫助減少肺炎病因的口腔細菌。刷牙時，也用牙刷溫柔仔細地按摩牙齦吧。

無法刷牙時的口腔保健

將寶特瓶杯蓋一杯的水
含在口中
讓水流貫牙齒間的細縫
包括舌頭上方、
口腔整體
都仔細漱洗
之後吐在用過的面紙
或揉成團的報紙上
丟掉
睡前和早上起床、
用餐後等
都要記得多漱口

杯蓋一杯的水即可完成

在無法刷牙的地方用餐時，記得多咀嚼增加唾液分泌。用餐後，可使用舌頭舔著清理牙齒，亦可用手指或面紙，之後再用杯蓋一杯的水漱口。平常吃飯後，最後再喝個水或茶讓口腔清爽，也有預防蛀牙效果。

用舌頭清掃牙齒

促進唾液分泌的按摩

為了刺激大的唾液腺
耳下腺
舌下腺
顎下腺
須加以按摩
自後向前地轉動按摩耳垂下
從下顎內側按照耳下到下巴下方的順序按摩
也做做舌頭體操吧
將舌頭伸伸、縮縮、轉一轉

解決口乾症的按摩

唾液具有防止細菌和病毒感染的效果，且弱鹼性的唾液可中和口腔酸性化，防止蛀蟲孳生。按摩大唾液腺的部位，可促進唾液分泌，試試用餐前，以不至疼痛的力道按摩約三分鐘，應該可以明顯感受到唾液分泌。此外，水分不足也會使唾液分泌變差，所以要積極攝取水分。

想像檸檬
或酸梅
也有效喔

記得拆下假牙

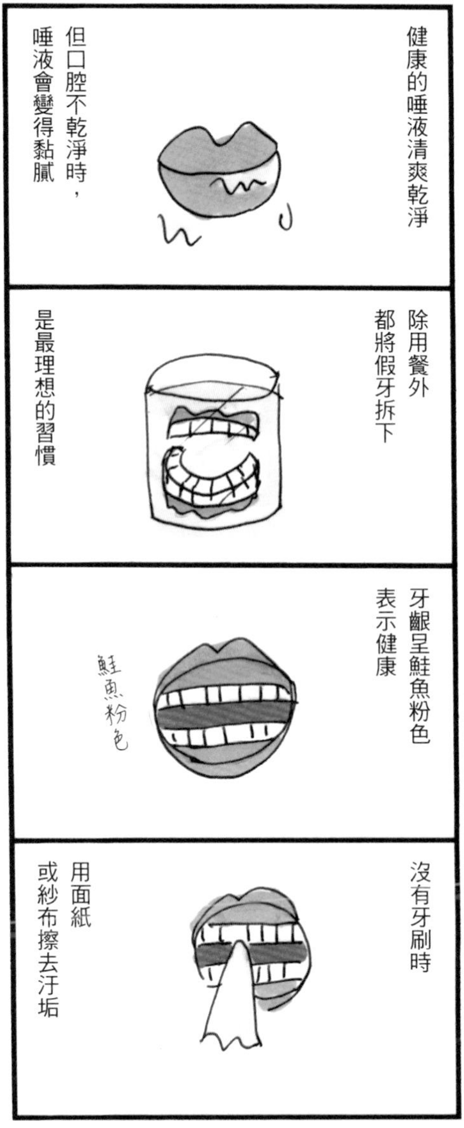
健康的唾液清爽乾淨
但口腔不乾淨時，
唾液會變得黏膩
除用餐外
都將假牙拆下
是最理想的習慣
牙齦呈鮭魚粉色
表示健康
鮭魚粉色
沒有牙刷時
用面紙
或紗布擦去汙垢

有假牙的人須特別注意

在避難所，會介意他人目光而不敢拆下假牙……但戴著睡覺，假牙會變成細菌溫床。在用水不充裕的避難生活，可將面紙或紗布繞在指上擦拭汙垢。另外，記得將假牙放入淨水保存。假牙一乾燥便會變形，可能導致牙痛。

8020運動
八十歲時保有
二十顆牙齒

無法洗澡時

一個臉盆的熱水即可洗淨身體

長時間無法洗澡著實令人難受。在水很珍貴的非常時期，用毛巾擦拭身體、讓自己清爽。在美乃滋等容器瓶蓋上以圖釘鑽孔，便可變身為噴水器。其他像看護用的身體擦拭紙巾、洗髮用的紙巾等用具，都可多加利用。

將熱水分為兩盆
溶解肥皂的熱水
乾淨熱水
毛巾也準備兩條
先用毛巾沾肥皂水擦拭
再用擰過乾淨熱水的毛巾擦淨
私密處也先以肥皂水清洗，再用熱水沖淨
美乃滋塑膠罐製成的簡易噴水器

用擦的洗髮巾
洗髮紙巾
身體擦拭紙巾
溫和好用
大容量

非常時期的衛生

停水時的洗髮方法

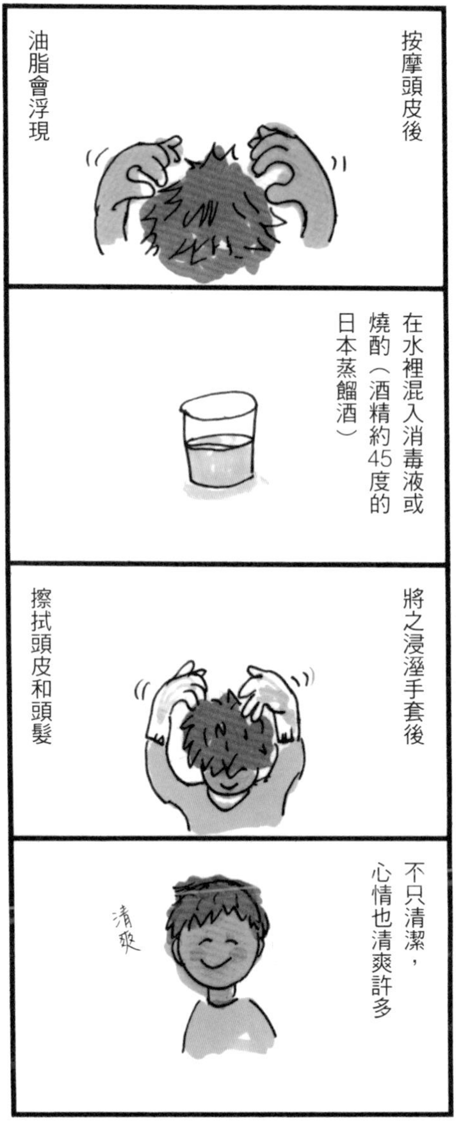
按摩頭皮後
油脂會浮現
在水裡混入消毒液或
燒酎（酒精約45度的
日本蒸餾酒）
將之浸溼手套後
擦拭頭皮和頭髮
不只清潔，
心情也清爽許多
清爽

不清爽是因為頭皮髒汙

頭皮有皮脂分泌，幾天下來會產生臭味、悶癢感。清洗頭皮汙垢，不僅改善衛生、更可讓心情清爽！若沒有手套或酒精，利用溼毛巾（浸過熱水的毛巾）重點式地擦拭頭皮亦可。市面上也有販售無須沖水的洗髮專用溼紙巾，不妨事先準備以防停水。

不用太在意髮型，
帽子也很方便喔

懷疑食物中毒時的對策

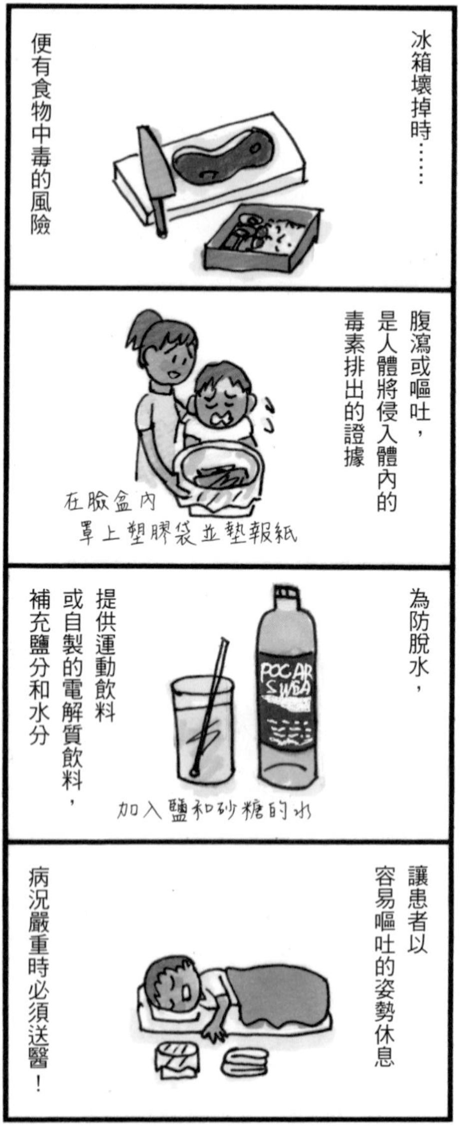
冰箱壞掉時……
便有食物中毒的風險
腹瀉或嘔吐，
是人體將侵入體內的
毒素排出的證據
在臉盆內
罩上塑膠袋並墊報紙
為防脫水，
提供運動飲料
或自製的電解質飲料，
補充鹽分和水分
加入鹽和砂糖的水
讓患者以
容易嘔吐的姿勢休息
病況嚴重時必須送醫！

提防脫水
或被嘔吐物噎住

為預防脫水，適時地以水或茶、運動飲料補給水分。嘔吐物如噎住氣管，恐引發呼吸困難或肺炎，所以讓患者以方便嘔吐的姿勢側躺。絕對不要擅自判斷，給患者服用止瀉藥等藥物。食物中毒也有可能致死，別忽視病情加重的徵兆，症狀未紓緩時，務必立即送醫。

不擅自提供止瀉藥
和退燒鎮痛劑

中暑時需盡快處理

酷暑中流了大量汗水時
陽光炙熱
若水分和鹽分補充不及便會中暑
暈眩
頭痛
中暑痙攣
趕緊移動到涼爽的地方，飲用電解質飲料補充鹽分和水分
以毛巾或冰貼著有大血管的部位降溫

嚴重時可能致死

感覺到「口渴」時，便是身體已呈現水分不足。尤其發育中的孩子或高齡者特別容易中暑，需格外注意。懷疑中暑時，務必盡快移動到陰涼處、鬆開衣服好好休息。若有因中暑產生的痙攣，可加以按摩，或若身體某部位感覺寒冷，也可按摩一下。中暑時，到醫院就診是很重要的，尤其是反應遲鈍、已失去意識的狀態時，更要立即叫救護車。

常見高齡者在家
中暑的案例

地震導致的暈眩症狀

大地震之後
連續發生的餘震……
餘震又來了！
即便沒有地震，搖晃的錯覺仍不斷襲來
害怕
現在在晃？
手機在響？
深呼吸、伸展手腳
摩擦手掌、喝點熱飲放鬆

活動身體以減少地震導致的暈眩

持續地感受地震來襲，會造成如暈船般的暈眩症狀。有時還會有手腳變冷、盜冷汗等狀況。這時，可多攝取充足的水分和睡眠、溫暖手腳、做點深蹲之類的簡單運動等，都可減緩症狀。建議可經常活動身體、避免靜止不動。此外，也可服用防暈車藥之類的藥物，但若症狀持續沒改善，也可能是其他疾病的徵兆，仍需就醫。

若有地震後造成的暈眩，可搓揉腳的第二根指頭
按摩小腿肚

非常時期的衛生

小心失去平衡感引起的暈眩

土壤液化
造成
街道……
住宅
傾斜一邊
滾動的彈珠
待在傾斜的地方
令人想吐、
暈眩……
土壤液化現象，
多是受從前地形影響
沼澤
海岸
水田

土壤液化可能導致市容變化

人對於筆直的物體，潛意識會想直視。地震造成地面和電線桿扭曲變形，若長時間身處在這樣的環境，可能產生漸失平衡感、想吐、暈眩等症狀。預防土壤液化有許多方法，例如地盤內加入水泥、或在地盤打下柱樁等都是預防對策。將來有建屋計畫的人，不妨先向專家諮詢。

修繕工程費用約為
600萬~1000萬日幣

幫助溺水者

電視上常見溺水者
大聲呼叫，
實際上很少發生
真正溺水的人，
會默默地往下沉
發現溺水者時，
要大聲呼救
並拋出漂浮物
打110
快
求救！
注意自身安全、
協力合作

常見幫忙的人反而溺斃的案例

曾發生有小學生溺水、附近主婦將空寶特瓶拋向學生使其成功獲救。這名主婦拋了五六個空瓶但都拋不到小學生身邊，直到拋出最後一個番茄汁寶特瓶，才終於被小學生抓住。這名小學生抓住瓶子努力讓臉和膝蓋浮出水面，最後終於平安獲救。另一方面，也發生過警察為了救溺水者跳進水裡、卻反遭溺斃的案例。若真遇到不得不跳水救人的狀況，先脫掉衣物再下水。

救生員
我是專業人員

救助人命需立即行動

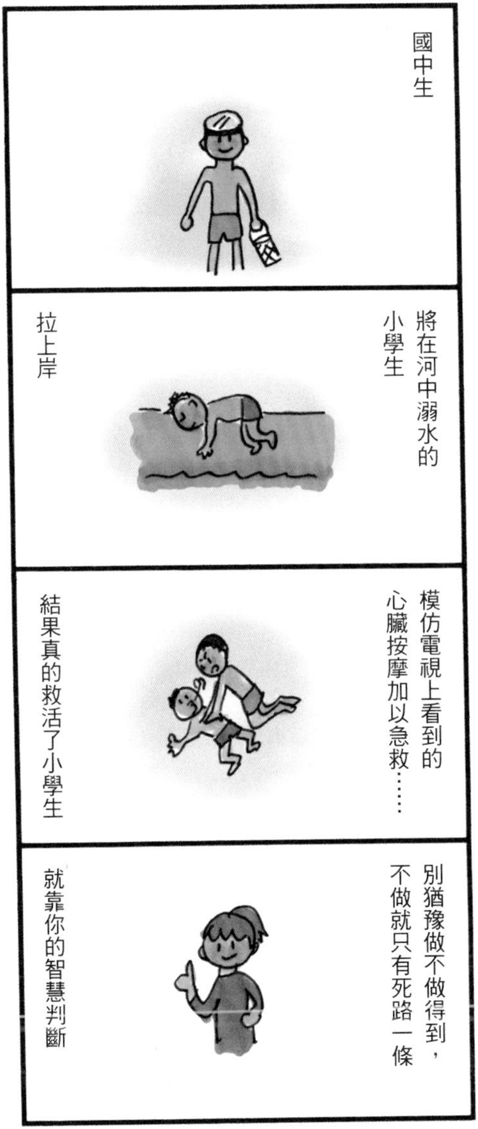
國中生
將在河中溺水的
小學生
拉上岸
模仿電視上看到的
心臟按摩加以急救……
結果真的救活了小學生
別猶豫做不做得到，
不做就只有死路一條
就靠你的智慧判斷

救人一命需要勇氣和判斷力！

救護車趕到現場的時間，國內平均為五至六分鐘。然而，人體最重要的大腦，缺氧達三至四分鐘後即失去機能。因此，我們不該只光等著救護車來到，而是在等待救護車同時，把握時間施行心肺復甦術。這個急救只能靠現場的人進行，為防萬一，不妨參與各地定期舉辦的急救研習會。

到達醫院
的平均時間為
三十六分鐘

10

非常時期的心理照護

心理照護

災難後的三週需特別注意

人處在
精神緊繃狀態的極限
我會加油
通常是三個星期
餘震和壓力造成
失眠、
頭暈、
憂鬱
小孩也會出現
異位性皮膚炎惡化、
尿床、
蕁麻疹等狀況……
其他像經濟艙症候群
或心肌梗塞
也需特別小心

三週過後讓自己喘口氣

許多避難所會有無法入浴等狀況，持續不衛生的生活狀態，進而引發傳染病蔓延等狀況。據說人精神緊繃、持續忍耐的極限是三週，過了這時間點，人的健康和精神可能會急遽惡化。三週過後，記得讓自己有喘息空間。

心理照護

假裝一切沒發生的心理疾病

阪神大地震時，對於發生在自己身上的事
住家倒塌
不敢置信……
無法相信……
老婆去哪裡了
然後突然間……
我在這做什麼！
我要趕快回家！
「根本就沒地震」
聽說無論男女老少，
但家已經……
當時這樣否定事實的人
不在少數

心靈無法承受殘酷的現實

曾有海嘯受災者這樣說：「我心想：『這不是夢嗎，拜託讓它是夢』但一看到眼前瓦礫堆積如山，我知道這不是夢，是現實。」其實每個人都這麼想過，因為現實太殘酷。義工中設有心理諮詢師，不只自己、若發現身邊的人有些異狀，也盡早接受諮詢。

曾經歷戰爭的奶奶，
格外堅強
只要這條命
還在就沒事

心理照護

心理震災 只有自己倖存時①

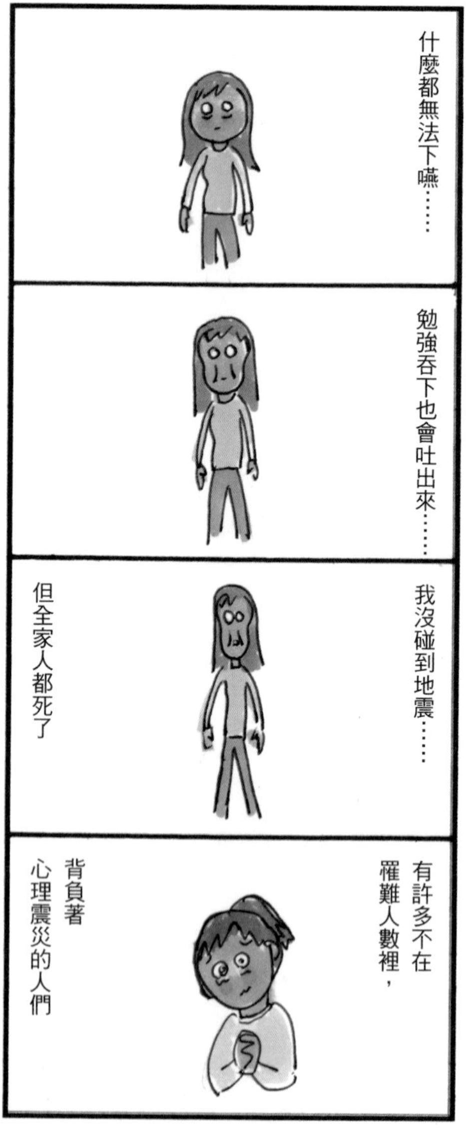

什麼都無法下嚥……
勉強吞下也會吐出來……
我沒碰到地震……
但全家人都死了
有許多不在罹難人數裡，
背負著心理震災的人們

倖存者的悲哀與心理傷痕

災害時得救而倖存下來的人們，白天的活動就是到許多避難所、或在瓦礫堆、遺體安置所尋找家人，傍晚時回到避難所，在冰冷地板上睡覺……在那裡，沒有讓人們對這場悲劇哭喊發洩的空間。

照心護理

心理震災 只有自己倖存時②

當我因心理
震災受到創傷時，
有個女志工
主動走來陪我……
讓我幫忙寫避難所
使用的標誌和留言
受孩子們的拜託，
畫畫花鳥
讀讀書，
漸漸地……
找回
謝謝
「心的平靜」

人心只能靠人療癒

人在被需要的時候總是快樂的。只要有希望，現實再痛苦也能生存。據說某位女性受災者找回內心平靜後，漸漸變成避難所不可或缺的重要人物。義工中，也有專門聽人談心的「傾聽義工」。要從內心的震災重新站起來，第一步就是透過簡單的工作找回生活步調。

謝謝你
陪我玩

心理照護

藉著輕拍穩定心緒

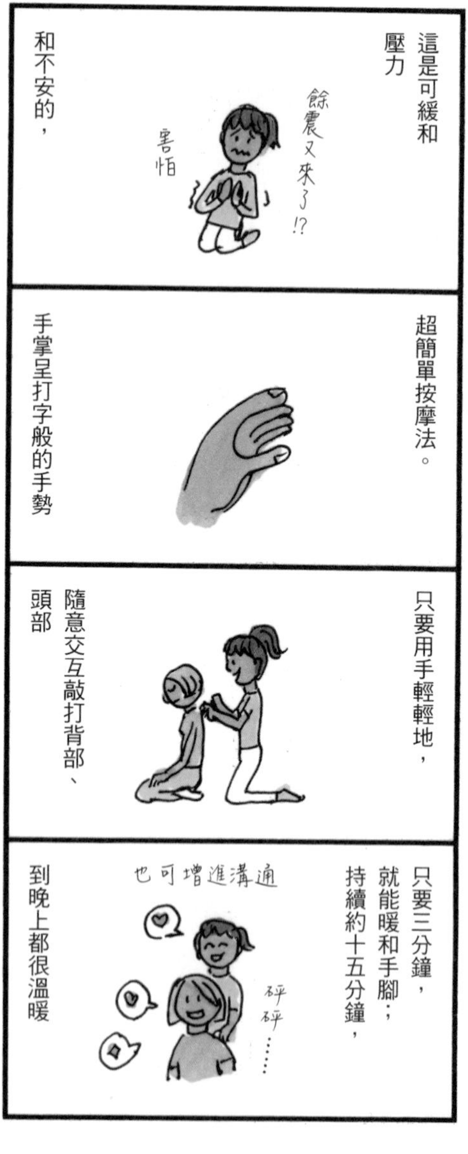

這是可緩和壓力
餘震又來了!?
害怕
和不安的，
超簡單按摩法。
手掌呈打字般的手勢
只要用手輕輕地，
隨意交互敲打背部、頭部
只要三分鐘，就能暖和手腳；持續約十五分鐘，到晚上都很溫暖

也可增進溝通
砰砰……

不急躁地慢慢輕拍，幫助放鬆

用指腹，輕彈般地左右交互、溫柔地拍打按摩。已有數據證實，十五分鐘的輕拍，可讓一種被稱為心理安定劑的「血清素」增加、並使體溫上升。以一秒一次的節奏、輕輕地進行。微微地、彷彿感覺不到的力道輕輕拍打，可緩解緊張、穩定心靈。
這麼簡單，
我也可以幫媽媽

心理照護

單人進行的輕拍按摩

將首飾等物取下……
輕擺手臂、放掉力氣
拍拍下巴、顳骨、額頭、頭的上方等……
由下至上，每個部位輕拍20～30下
脖子、肩膀、胸口、鎖骨、腹腔神經叢、下腹……
左右交互輕拍
將雙手溫度傳到身上
深呼吸三次

任何時間地點、坐著就能進行

以一秒一次的緩慢節奏輕柔拍打。也許你反而對這種輕微徐緩的韻律感，感到焦慮不安，這時，請把這份焦慮視作自己心靈疲憊的證據。失眠、受災的打擊、或沮喪等狀況時，輕拍能舒緩緊繃的身心。

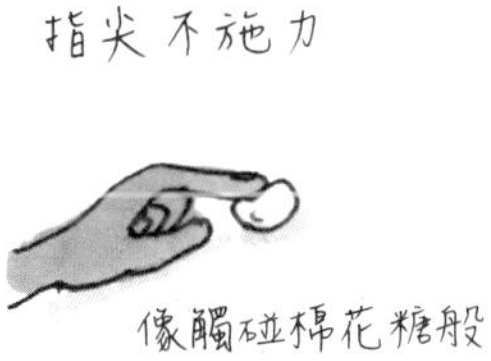
指尖不施力
像觸碰棉花糖般

雙人進行的輕拍按摩

以唱搖籃曲般的節奏輕輕拍打

雙人進行的按摩格外有效。享受悠閒的按摩和談話，既可緩解身體的緊繃、又能感受到一種被重視、呵護的安心感，有助於促進正面思考。

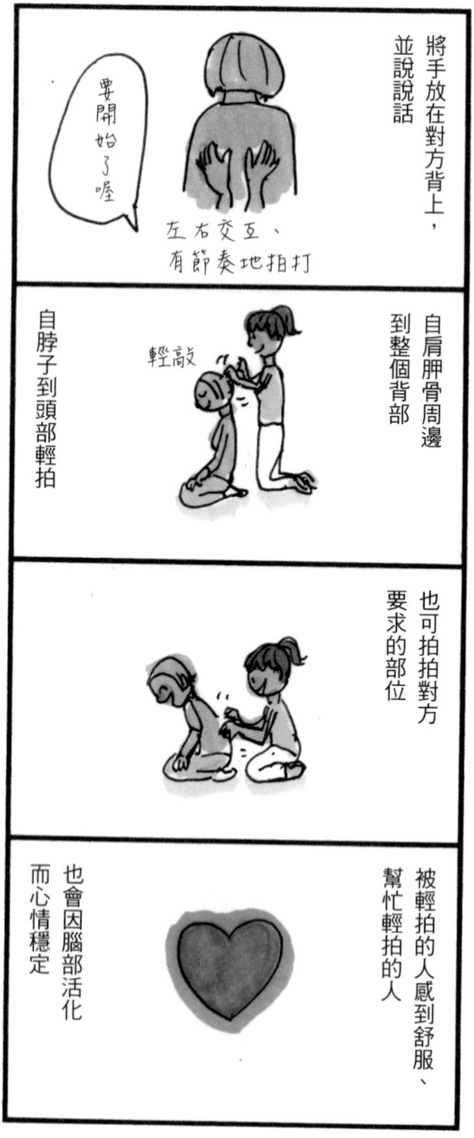
將手放在對方背上，並說說話
要開始了喔
左右交互、有節奏地拍打
自肩胛骨周邊到整個背部
輕敲
自脖子到頭部輕拍
也可拍拍對方要求的部位
被輕拍的人感到舒服、幫忙輕拍的人
也會因腦部活化而心情穩定

最後將手掌放在背上、深呼吸三次

靠伸展緩解緊張

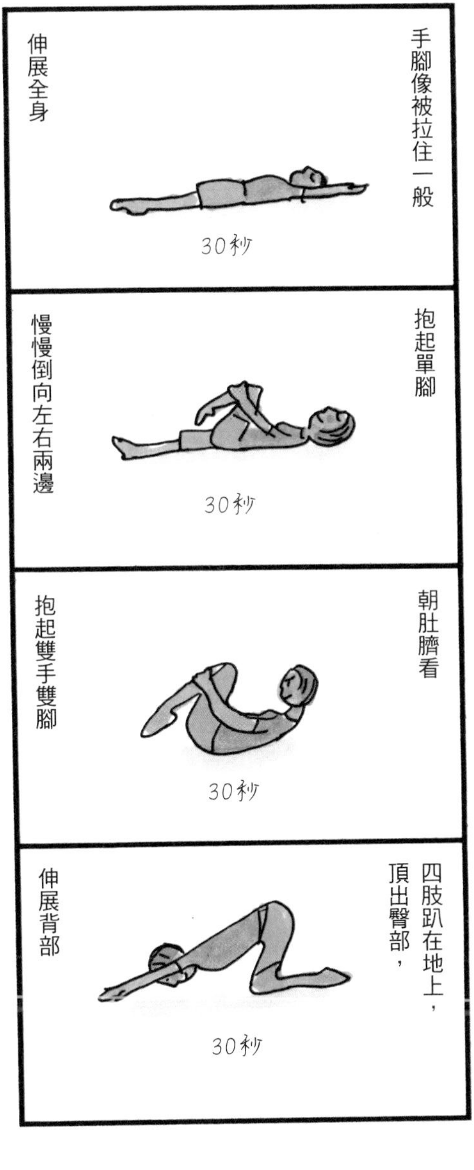
手腳像被拉住一般
伸展全身
30秒
抱起單腳
慢慢倒向左右兩邊
30秒
朝肚臍看
抱起雙手雙腳
30秒
四肢趴在地上，
頂出臀部，
伸展背部
30秒

無法入眠時可做簡單伸展

伸展能緩解緊張，一面長長吐氣、一面伸展，肌肉可完整地伸展。反動和彈跳式的伸展，會增加肌肉和關節的負擔，要特別小心。另外，閉氣伸展會讓肌肉更緊繃、無法好好伸展。在棉被上緩慢呼吸自在地伸展，從身體內部舒展放鬆是很重要的。

想到時就可伸展一下

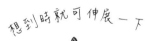

心理照護

盡情地哭泣吧

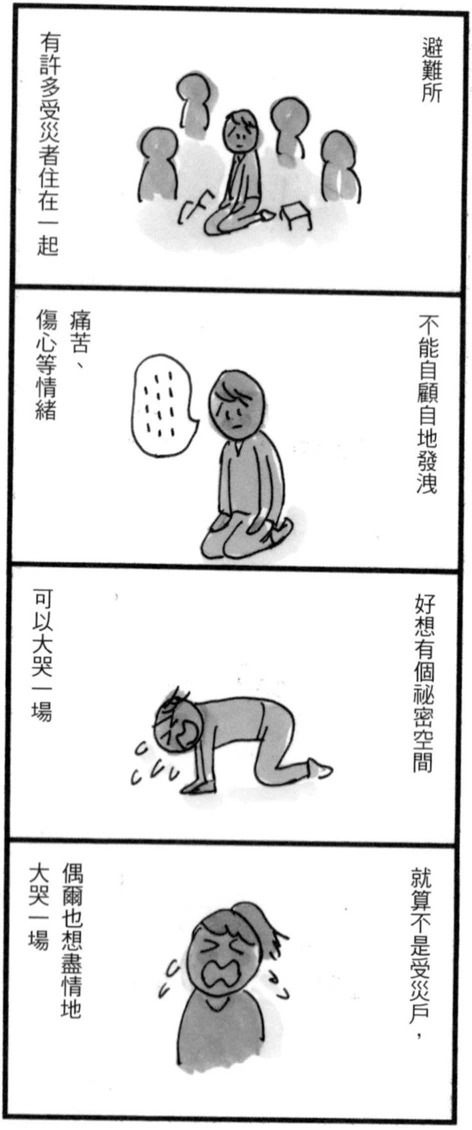
避難所
有許多受災者住在一起
不能自顧自地發洩
痛苦、
傷心等情緒
好想有個祕密空間
可以大哭一場
就算不是受災戶，
偶爾也想盡情地
大哭一場

「哭泣」可以掃除內心陰霾

發生過的大地震，提醒我們「平凡的日常生活」並非永遠，也教會我們平時的煩惱是多麼微不足道……此外，核能發電廠事故也讓我們變得無法分辨「什麼才是真實的資訊」。地震前和地震後，我們的心和意識就像街道的景致般，起了變化。不安、悲哀、對重建的期待和憂慮……複雜的思緒總纏繞心中。偶爾看看「催淚電影」，用「盡情大哭」掃除內心陰霾。

用冰涼的毛巾敷一下哭腫的雙眼

心理照護

笑迎明日的習慣

早晨起床，
呼吸新鮮空氣，
迎向陽光
在鏡子前，
鏡子啊
鏡子啊……
練習微笑
花點時間品嘗食物，
將「好好吃喔」說出口
睡前也笑一笑，
並早點就寢

有效抗壓的快樂習慣

照照太陽光並動動身體，能增加褪黑激素。褪黑激素是一種神經傳達物質，不足時，容易得到憂鬱症等精神疾病。只要微笑，即便是勉強擠出來的笑容也能促進腦部活性化。例如大聲地說出「好好吃喔」，聲音的刺激也會提高幸福感。此外。悠閒泡澡也能促進副交感神經作用，讓身心放鬆。避免熬夜看電視或電腦，早點就寢、讓大腦好好休息吧。

笑一笑，十年少

心理照護

注意從媒體擴散的「震災」

電視上不斷重複播放
悲慘的畫面……
令人心酸的
受災戶……
還有看不到未來的
不斷漏出的
核汙染水
核能事故……
對什麼都
幫不上忙的自己，
感到罪惡、
無力、
不安……
無法工作

未遭遇海嘯的人們，也受到心靈海嘯的衝擊

三一一大地震發生的那天起，即便是沒有直接受災者，也被罪惡感和無力感籠罩，為失眠和不安、情緒不穩所苦。這也許可說是將受災者的悲哀和痛苦投射在自己身上造成的症狀。不妨想想現在的自己可以做些什麼，例如節電、提供救援物資、募款等，只要找找，住家附近應該也會有分類整理的義工。假若真的感到十分難受，建議暫時不看電視、或到郊外散散步等。

商店裡許多東西
都被一掃而空……
水
衛生紙
拉麵
泡麵

11

放射性問題對策

放射性物質的性質有很多種

放射性物質原本就存在於自然界，放射線和放射性物質有許多種類，毒性和特徵都相異。核能發電廠事故導致放射性物質發散到廠外，風和水將之擴散，汙染農作物和土壤、海洋、家畜。隨風飄動的極輕物質瞬間就可繞地球一周。放射性物質一旦被人體吸收，放射線仍會持續發散，成為傷害身體健康的源頭。放射性物質的半衰期，從數天到幾億年甚至半永久的年數，依物質不同差別甚大。順道一提，鈽（Plutonium）是人類製造的人工元素，半衰期為兩萬四千年。

若將檯燈，
比喻成放射性物質
請想像檯燈本身是放射性物質，
光線是放射線
人體也會由自然放射線物質或X光攝影接收到放射線
來自宇宙
來自大地
X光攝影或電腦斷層掃描等
放射性碘、放射性銫，
若想盡量清除汙染，蔬菜可多洗幾次會較安心
核分裂反應會產生放射性物質

天然氡元素溫泉

放射能的無形恐懼

放射性物質看不見，
且無色無味
摸不到
也沒味道
有放射性物質附著的
灰塵
和沙粒等
會灑落在
海洋、
山、
森林、
牧草、
田地、
河川、
學校操場上

人類恐懼看不見、無法理解的東西

若發生核能發電廠爆炸等事故，放射性物質會變成微粒子流入大氣，隨風擴散。落下的放射性物質會附著在衣服或皮膚上，發散出放射線。人們若吸進放射性物質的微粒子、或食用遭到汙染的水和食物，這些放射性物質會繼續在人體內發射放射線，即所謂的「體內曝露」。

不會立即危害人體健康
聽膩了

保護身體免受放射能危害（室外）

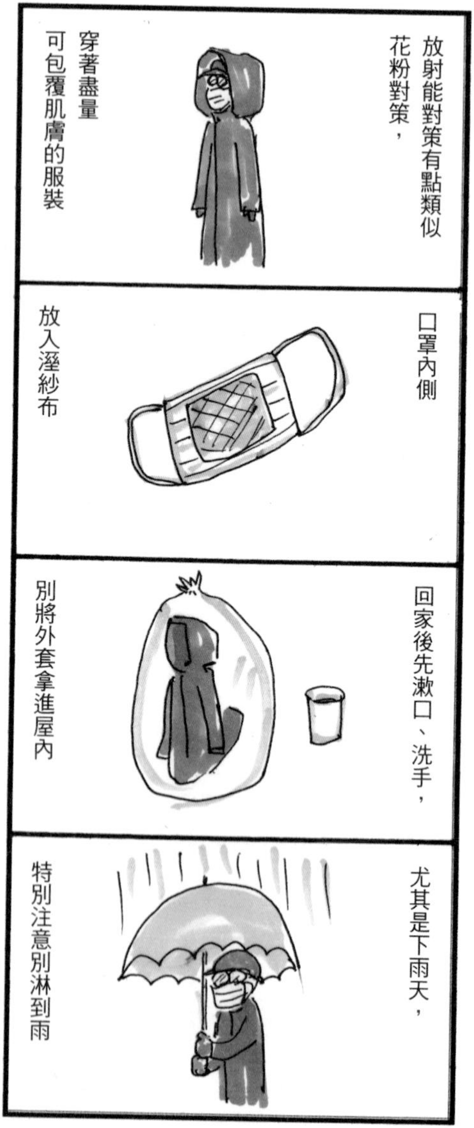

放射能對策有點類似花粉對策，
穿著盡量可包覆肌膚的服裝
口罩內側
放入溼紗布
回家後先漱口、洗手，
別將外套拿進屋內
尤其是下雨天，
特別注意別淋到雨

外出時特別小心

放射能肉眼看不見、無臭、也不會痛……情況嚴重與否和影響都搞不清楚，聽了說明也一頭霧水……新聞說「沒問題」，但心中仍充滿恐懼。因為心有戒備和擔憂，外出時還是用雨衣或拋棄式雨衣等全副武裝吧。另外，擔心的話，還可在回家後淋浴以除掉輻射汙染。確認相關資訊，不恐慌地冷靜應對，十分重要。

靠淋浴除汙

放射性問題對策

保護身體免受放射能危害（室內）

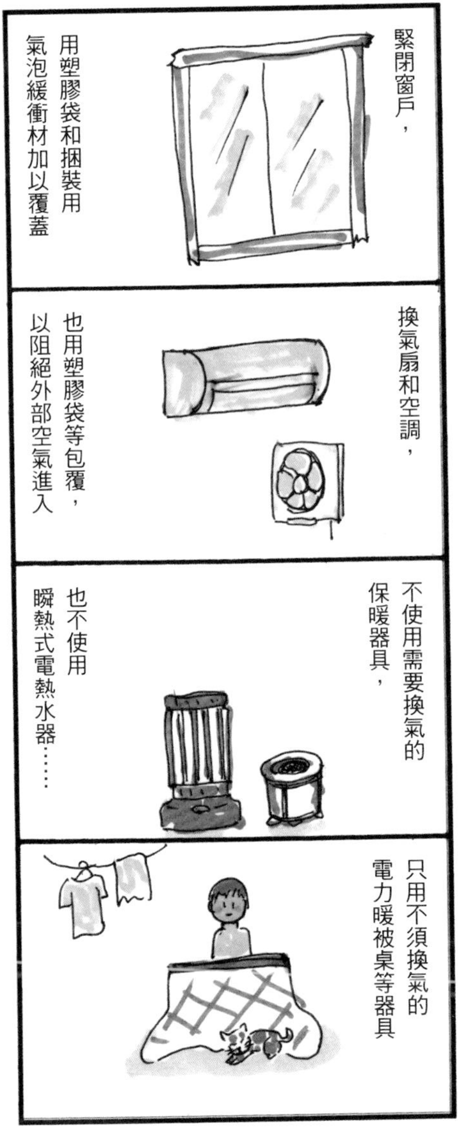
緊閉窗戶，
用塑膠袋和捆裝用
氣泡緩衝材加以覆蓋
換氣扇和空調，
也用塑膠袋等包覆，
以阻絕外部空氣進入
不使用需要換氣的
保暖器具，
也不使用
瞬熱式電熱水器……
只用不須換氣的
電力暖被桌等器具

室內避難警報發布時不外出

日本福島縣核能發電廠發生放射能外洩，發出屋內避難警報的事件，距今並不久遠。放射線無關遠近，隨風飄散。為避免屋外空氣進入，用塑膠袋等物蓋覆窗戶和縫隙。放在住家外的食物等也都移進家中，衣服曬在室內，在外飼養的寵物也清洗後帶進屋內。擔憂的話，在家中活動時，也盡量選離室外最遠、沒有窗戶的房間。自己做得到的防護措施，就靠自己實踐。

寵物也一起

除去食物上放射性物質的方法

放射性絶會溶於水和醋後排出

再怎麼擔心市面販售食物的安全性，也不可能完全不吃。擔心核輻射，不妨試試將食材清洗、削皮、燙熟擰乾沖冷水、以鹽或醋醃漬等將食物內水分排出的料理方式。處理魚時，記得將內臟取出並仔細清洗。每一道料理步驟，都需要更仔細進行。

用流動的清水清洗、去皮
燙熟後擰出水分
以醋醃漬
蘋果果膠有效改善體內輻射汙染問題，
可將放射性物質集中並排出
蘋果果醬

出自《車諾比・放射線與營養》，實業公報社

車諾比放射線與營養

不隨沒根據的資訊起舞

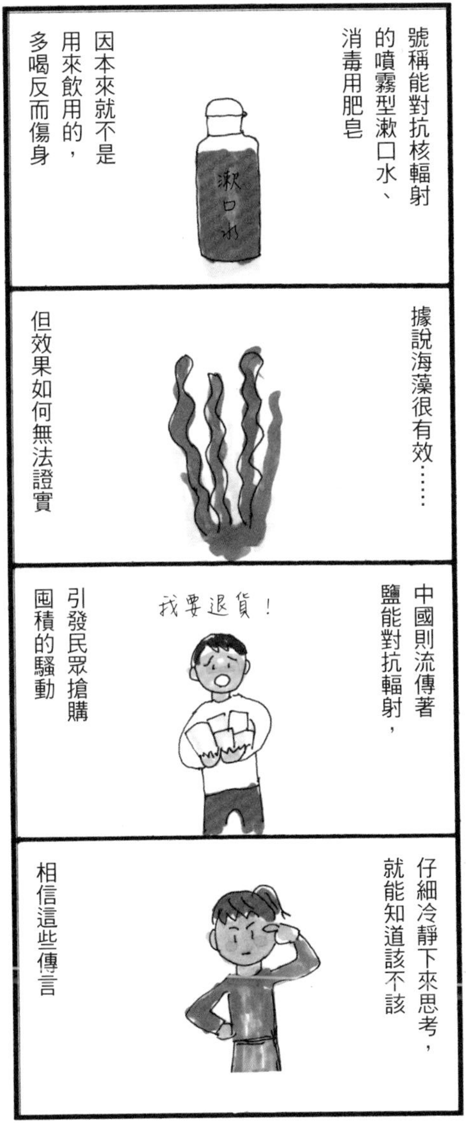
號稱能對抗核輻射的噴霧型漱口水、消毒用肥皂
漱口水
因本來就不是用來飲用的，多喝反而傷身
據說海藻很有效……
但效果如何無法證實
中國則流傳著鹽能對抗輻射，
我要退貨！
引發民眾搶購囤積的騷動
仔細冷靜下來思考，就能知道該不該
相信這些傳言

以假亂真的謠言

因網路發達，沒有根據的資訊和流言藉著郵件、臉書等，以驚人速度流傳，許多災民因此失去得到真實且重要資訊的機會……不陷入恐慌、冷靜地自我判斷很重要。收到任何信件，都要確認真實性後，再考慮是否轉發；切勿慌張地轉寄他人，避免成為謠言的幫凶，甚至誤導他人。

先不論效果，這些是充滿天然碘的料理。

沙丁魚丸湯
海帶芽海苔飯糰

正視孩子的不安

不安的，不只有大人

地震、海嘯、核災、核輻射問題……滿是令人恐懼的事情！當然，小小年紀的孩子也是非常不安。有些孩子會誤會：「我是壞小孩，所以一定要忍耐……」這時，不妨將大人正在努力的事傳達讓孩子知道，睡前也不要讓他們看恐怖的新聞，並為他們讀讀繪本等。

電視播放許多
悲慘的畫面……
父母的不安，
孩子也能感受到
請用孩子
能理解的程度，
好熱喔
肚子好痛
和他們說說話
最後擁抱孩子
讓他們安心
我們都在一起，
沒事的

三隻小熊

12

避難生活的智慧

避難生活

準備緊急聯絡卡

因手機的普及
許多人都習慣
把電話號碼存在手機裡
但手機也可能沒電、
遺失或故障
啤酒倒了！
盡量事先
準備好緊急聯絡卡
緊急聯絡卡
把它放在
隨時可取出的地方
放進參加活動時
拿到的證件夾

將必要資訊寫在紙上

事先準備「緊急聯絡卡」吧。「緊急聯絡卡」上寫好姓名、出生年月日、聯絡方式、身分證字號、家人關係說明、家人手機號碼、職場．學校．親戚的聯絡方式。駕照影本、慢性病患平時看診醫院和處方籤的影本等資料，不妨都事先準備好。特別是有相片、可證明身分的證件，可備不時之需。另外像領取救助金或包裹時需要的印章若先備妥，到時也會方便許多。

多多活用釣魚背心

避難生活

寵物的收容依各避難所而定

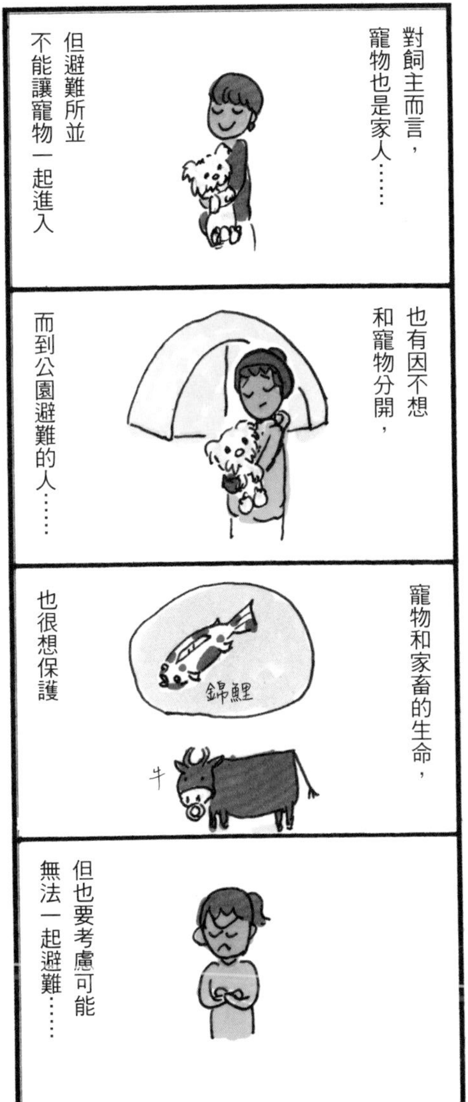
對飼主而言，
寵物也是家人……
但避難所並
不能讓寵物一起進入
也有因不想
和寵物分開，
而到公園避難的人……
寵物和家畜的生命，
錦鯉
牛
也很想保護
但也要考慮可能
無法一起避難……

避難所的收容以人類為優先

再怎樣心愛的寵物，原則上無法帶入避難所。但過去發生重大災害後的避難所，也有過讓寵物進入的實例。避難分秒必爭，先和寵物一起逃到避難所也是選項之一。不過，一定會有不喜歡動物的人，別忘了顧慮周圍人們的心情。為防萬一，事先將項圈、迷路名牌等可以表明身分的東西戴在寵物身上，同時也要記得植入電子晶片。有些地方政府機關會提供獸醫師協會或動物救援團體等支援，建議可事先調查。

狗狗也害怕地震

藉由伸展活動預防

所謂的經濟艙症候群，指的是長時間保持同一姿勢造成血液不流通，進而引發深層靜脈血栓產生的疾病。這種靜脈血栓若移動到肺動脈並堵住動脈，將可能致死。記得攝取充足水分、不憋尿、時常做伸展操，即使只有轉動或伸展腳踝也OK。或者，也可利用束緊小腿血管以促進血液循環、有效預防血栓形成的醫療用彈性襪。

醫療用襪子
束緊小腿

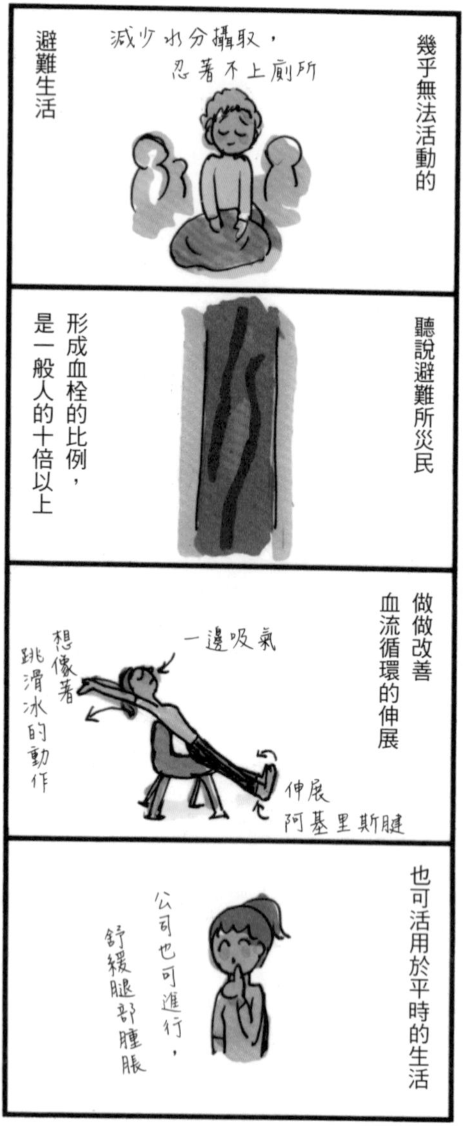
幾乎無法活動的
減少水分攝取，
忍著不上廁所
避難生活
聽說避難所災民
形成血栓的比例，
是一般人的十倍以上
做做改善
血流循環的伸展
一邊吸氣
想像著跳滑冰的動作
伸展阿基里斯腱
也可活用於平時的生活
公司也可進行，
舒緩腿部腫脹

盡最大努力擁有良好睡眠品質

避難所沒有私人空間

小學、活動中心、公園、自家庭院等……避難生活的場所即便各有不同，但有個共通點，就是沒有私人空間。受到災難來襲的沉重壓力，更需要讓自己有好的睡眠品質。利用眼罩或耳塞，可幫助我們擁有集中且深沉的睡眠。不妨事先準備在緊急逃生包裡。

避難生活

用紙箱製作隔間以確保隱私

保留一點點的隱私

身處在二十四小時沒有隱私的空間，是壓力來源。只要坐著時讓自己避免與旁人視線接觸，便可做出讓人自在許多的空間。紙箱是容易加工的素材，依個人的創意巧思有多種活用方法。不過，製作隔間前，記得先向鄰居知會一聲，避免無謂糾紛。

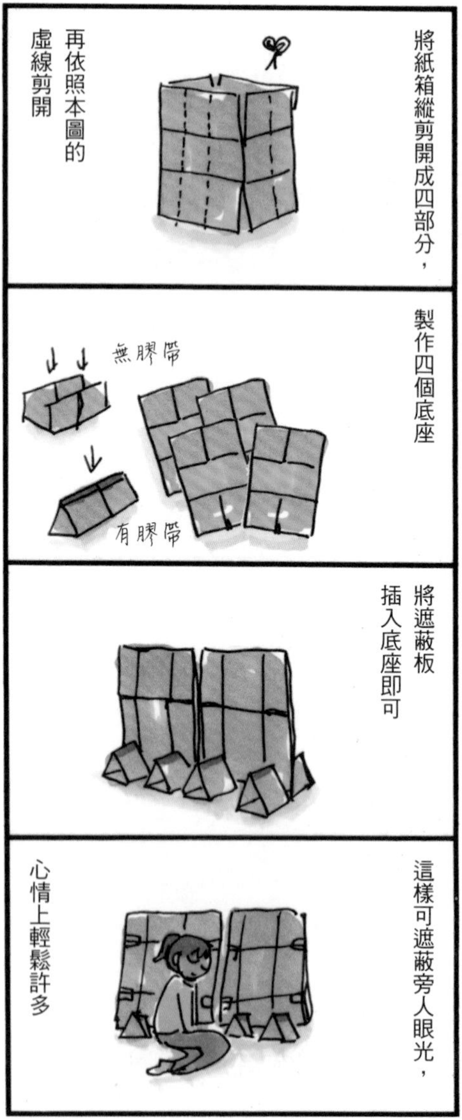
將紙箱縱剪開成四部分，
再依照本圖的虛線剪開
製作四個底座
無膠帶
有膠帶
將遮蔽板
插入底座即可
這樣可遮蔽旁人眼光，
心情上輕鬆許多

重疊紙箱
完成的坐墊

避難生活

在避難所找到自己的工作

避難所
有許多壓力
發生糾紛、問題，
在所難免
在臨時的避難所，
一點點地重新開啟
日常生活吧
免費理髮的義工
還能活動的人……
一人負責一個工作
公布訊息
陪孩子遊戲
檢查設施
帶領大家做體操

工作與責任是生存的價值

一人不到半坪的空間、一條棉被的大通鋪……水、食物和燃料都不足、家人死亡、財產盡失、資訊缺乏……避難所的災民面臨許多嚴峻的現實，在這些有著許多煩惱的人群中生活，沒有發生糾紛反倒不可思議。人只要有工作，怎樣都會努力讓自己動起來，而只要有動作，情緒就會分散，也可讓身體運動。邁向日常生活的一小步，都是始於從悲哀和嘆息走出的一大步。

傾聽不滿的工作

讓具領導力的人指揮避難所

非常時期的領導者意義重大

在避難所，決定領導者是首要之務，因為沒有領導者就會產生混亂。有些領導者透過避難所的住民互選投票產生，也有不少是當地村里長、提供避難所場地的學校校長、住持等擔任。從前災害時，也發生過最強壯有力的人霸占最好的位置、高齡者和弱勢的人被趕到寒冷不便的地方等狀況。最重要的，還是每個人都要有明確的自我意識，創造一個不讓領導者過度負擔的環境。

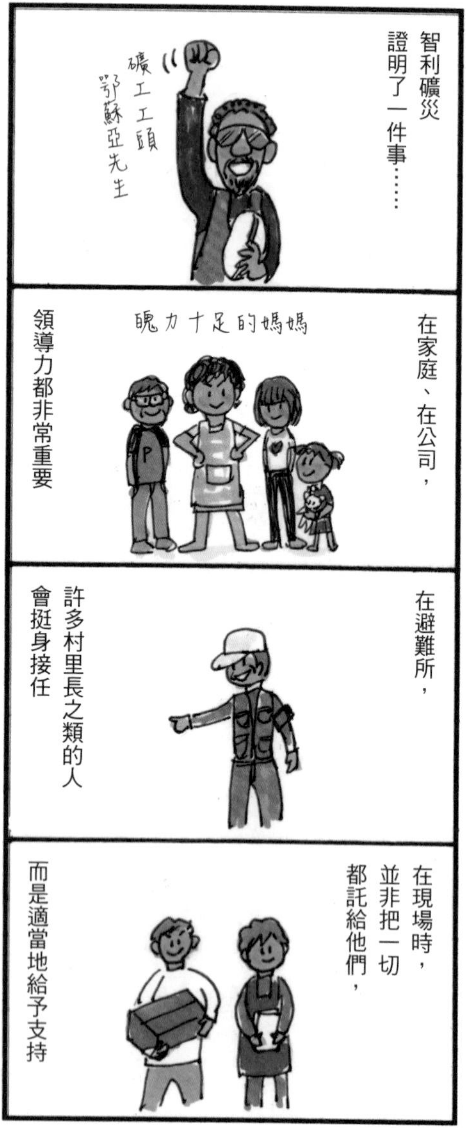
智利礦災證明了一件事……
礦工工頭鄂蘇亞先生
在家庭、在公司，
魄力十足的媽媽
領導力都非常重要
在避難所，
許多村里長之類的人會挺身接任
在現場時，
並非把一切都託給他們，
而是適當地給予支持

八十歲的自治會會長，
體力令人擔心

避難生活

向現場的英雄致上敬意和謝意

消防員、
軍隊、
核電廠相關人士……
醫師、
護士……
公所職員、當地政府
機關職員……
或為助人四處奔波
的民眾……
他們的背後，
也有支持著他們的家人
其實很希望
他陪著……
仍得送他出門

支援災區的人們

重大災害後，有許多為了救助活動而奔走於災區和避難所的人們。他們睡眠不足、無暇顧及自己的家人，憑著使命感努力救災。請別忘了，這群人也有自己應該守護的家人。重大災害時，支援者人數相對地極少。因此，切記自己做得到的事盡可能自己做。

我也是災民
義消

克服孤立感

只是剛好到朋友家玩……
卻遇到災害
和朋友走失，
獨自來到活動中心避難
當地人各有小團體
我只是個外地人
沒人關心我，
有時還無法領到食物

自己先打開心房，對方也會回應

何時何地會遇到地震等災害，沒人可預料。原以為只待數小時的避難，也有可能變成一個星期之久的避難生活。曾聽人說過，受災時獨自在沒有熟人的避難所裡找不到容身之處，每天低頭度過；當地居民則因平日防災訓練有素，俐落地準備料理，只有他自己不知道怎麼和人搭話。災害剛發生的當下，即便是平日親切的人，也很難再有餘力顧到陌生人。若遇到這樣的狀況，不妨先積極地參加大家的活動、試著融入人群。

依狀況，
避難所的生活
有可能延長

避難生活

小型發電機須先熟知使用方法

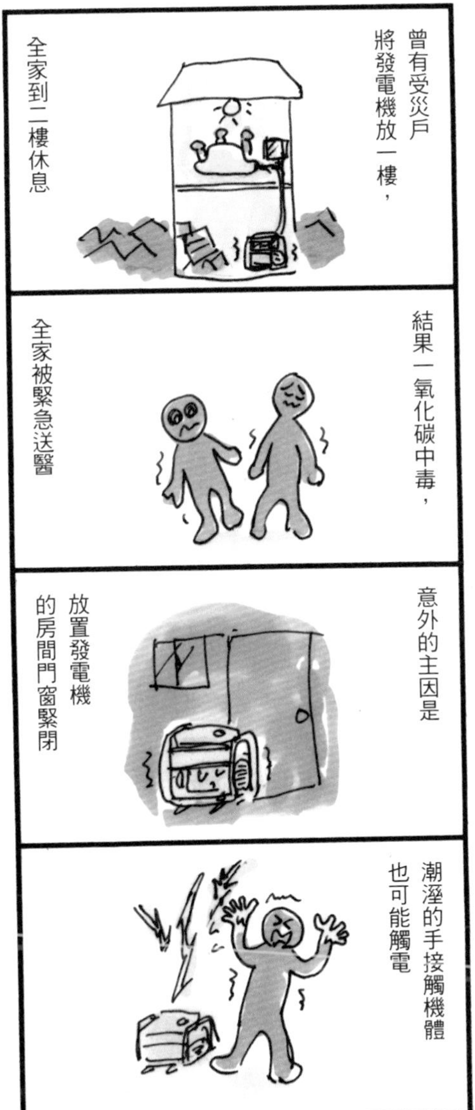
曾有受災戶
將發電機放一樓，
全家到二樓休息
結果一氧化碳中毒，
全家被緊急送醫
意外的主因是
放置發電機
的房間門窗緊閉
潮溼的手接觸機體
也可能觸電

避免避難生活中引發二次災害

若搞錯發電機的使用方法，恐怕會引起火災或一氧化碳中毒等事故。發電機的發電力有限制，並非萬能，也禁止在室內使用；戶外使用時，也請在通風良好、地面平坦的地方使用。此外，因燃料是汽油，加油時須特別小心。若讓平常不習慣使用的人操作，可能引發意外。建議熟讀說明書，先練習幾次。

家庭用卡式瓦斯的種類頗受歡迎

GAS

避難生活

注意收聽廣播

透過廣播蒐集生活資訊

日本的臨時災害廣播局，是災害發生時臨時開設的地區限定廣播局。播放許可期間只有兩個月，但也可以更新。曾有地區在災害發生後一小時內就取得許可。播放內容以災害相關資訊、人員安全資訊、避難場所、救援物資、臨時住宅、設備的復原狀況等為主。對於急需得到資訊的災區而言，是珍貴的情報來源。但另一方面，籌備營運費用也是各局十分煩惱的現實問題。

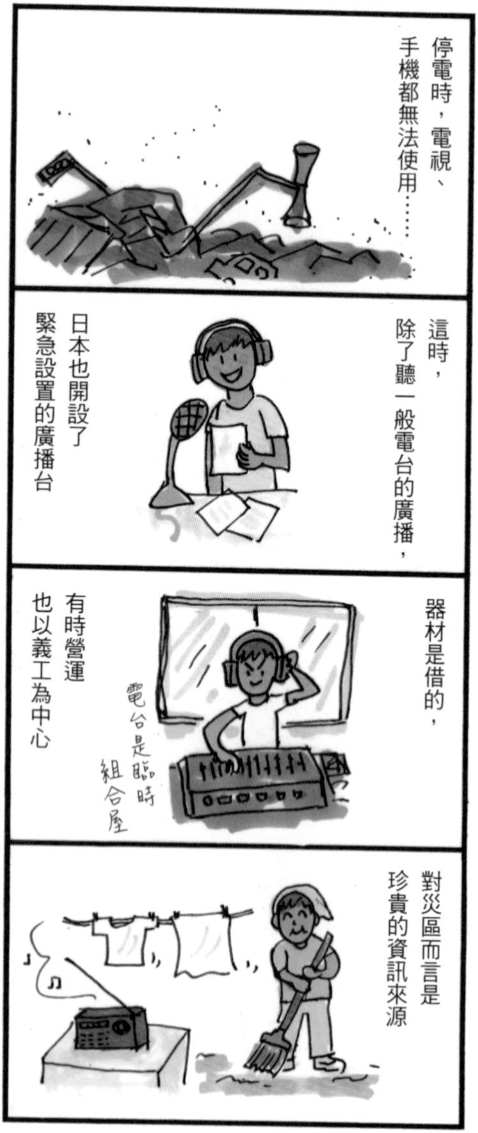
停電時，電視、手機都無法使用……
這時，除了聽一般電台的廣播，
日本也開設了緊急設置的廣播台
器材是借的，
電台是臨時組合屋
有時營運也以義工為中心
對災區而言是珍貴的資訊來源

三一一大地震時，四個縣共創設了二十一個廣播局

開朗正向的話題！

活用口耳相傳的傳播力

地震，
造成生活中的聯絡網毀壞
學校的事
供水車的事
供水車
營業中的超市，
全部都是藉口耳相傳得知

藉由社區人脈網取得資訊

三一一大地震剛過，超市的廁所衛生紙被一掃而空。當我不經意地拿著剛買到的衛生紙走在路上，好幾位不認識的主婦前來詢問：「在哪買的？」換言之，有關生活的各種情報都會藉口耳相傳廣布。例如排隊時，即便彼此是陌生人，大家也會熱烈討論傳言或交換資訊。非常時期的人們，對於資訊總特別敏銳。

令人佩服
的主婦傳播力

保持和老家的連結

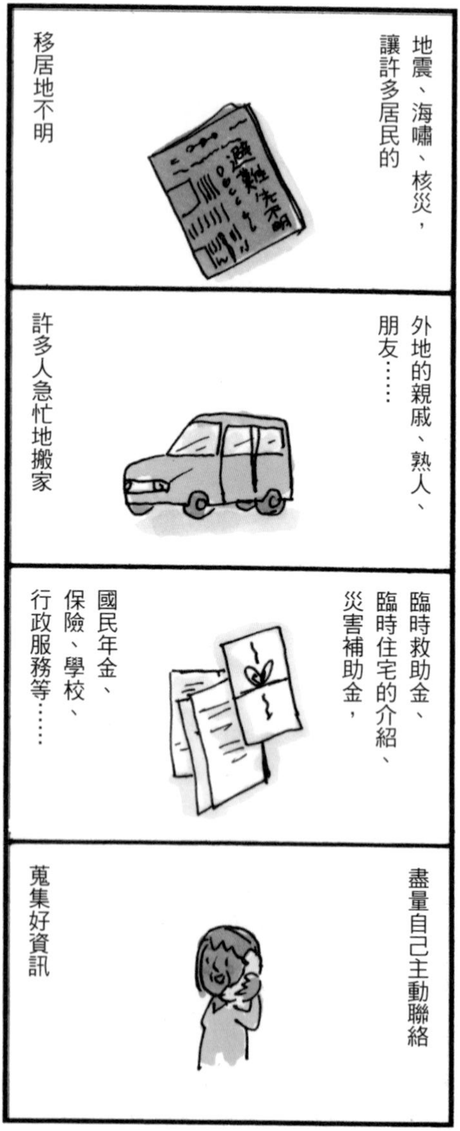

地震、海嘯、核災，
讓許多居民的
移居地不明
外地的親戚、熟人、
朋友……
許多人急忙地搬家
臨時救助金、
臨時住宅的介紹、
災害補助金，
國民年金、
保險、學校、
行政服務等……
盡量自己主動聯絡
蒐集好資訊

自己主動蒐集資訊

受災後倖存且搬離當地的人，會被當作「移居地不明」處理。時常轉移避難所、持續住在臨時住宅的人，有很多是因為「沒有安定落腳處」。另外，因為公所也在受災中，處理比平常更大的業務想必十分混亂。借助家人或身邊友人的力量，蒐集好情報吧。

幫你查吧

13

預防趁人之危的犯罪

提防警戒

比平常更提高警戒

從前從前，
據說只要村落
有天災來襲，
聽到消息的人口販子
會來到村莊。
換作現代……
抱著觀光客心情的義工、
業餘攝影家，
像是來參觀般……
事實上，
也有以犯罪為目的
的人進入災區

趁重大災害混亂時作亂的人還是存在

雖然臺灣一般治安良好，遇到重大災難也不會發生搶奪、暴動……不過，不是每個人都是如此，趁著混亂，破壞便利商店的自動提款機、侵入民宅竊盜、匯款詐欺等等……別忘了，這些犯罪還是有發生的可能。

可疑的募款……

提防警戒

小心以女性為目標的犯罪

災區，
並非全是善意的聖地
無人的大樓和住家，
竊盜
層出不窮……
也發生年輕女性
被強暴的案件
沒有街燈
宛如廢墟的都市，
晚上絕對不要一個人外出

避免晚上外出

曾以為只是都市傳說，總覺得不是真的，但前些日子從某位神戶的朋友口中聽到，震災當時，他曾救過一位險被強行拉進車中的女生。而這位朋友的車子，也在災區被偷。即便有一千位善良的市民，只要一個人做壞事，治安就會惡化。

熱心的義警

提防警戒

小心震災詐欺

利用人性弱點和不安的卑劣手法

災區的行政狀況十分混亂，詐欺犯可能趁機混入。實際上，其實沒必要支付「修繕診斷費」卻被索取的詐欺案件層出不窮。以家人受災為理由索取直升機的包機費、索求道路鋪裝工程費或輻射清除費用等，五花八門的詐欺接踵而至。利用受災戶的不安和恐慌斂財，這些卑劣的詐欺分子需特別注意。

募款並不會個別訪問或電話請款，讓輻射消失的藥也不存在。

僅簡單瀏覽受災住宅……
修繕診斷費 五萬日幣
並未修繕
就被索取高額的費用
我是區公所相關團體……
來這募款。
捏造慈善團體名稱募款的詐欺……
宣稱有輻射囤積在熱水器內，
這樣會生病喔
索取高額的清潔費……
也有人兜售號稱可「清除體內放射能」的藥
來路不明的藥
有這就安心啦

舌燦蓮花的詐欺犯

14

支援災區的方法

支援災區

多為領取物資的災民著想

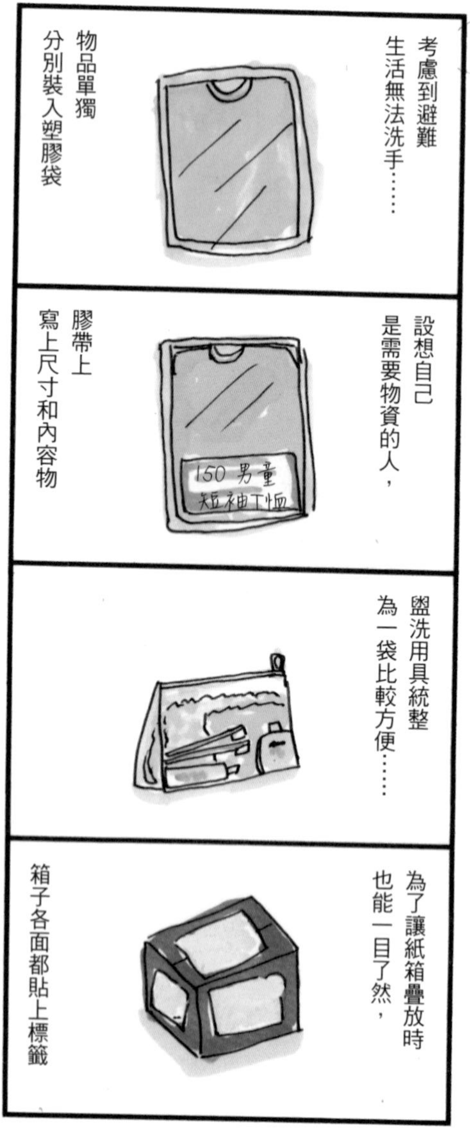

考慮到避難
生活無法洗手……
物品單獨
分別裝入塑膠袋
設想自己
是需要物資的人，
膠帶上
寫上尺寸和內容物
150 男童
短袖T恤
盥洗用具統整
為一袋比較方便……
為了讓紙箱疊放時
也能一目了然，
箱子各面都貼上標籤

運用想像力貼心包裝

災後，各式各樣的支援物資送到災區。而接受的一方，光是支援物資的分類就十分勞力費時。捐送物資的那方，若能貼心地將內容物清楚標示，將對災民幫助甚大。服飾、內衣褲、退燒貼布、紙尿布、生活用品、盥洗用品、暖暖包、生理用品、紙杯、保鮮膜、飲用水、食品、棉被或毛巾毯……支援物資的種類因場所和時期等因素會出現不均，不妨先向當地政府機關確認後再準備。

基本上以
新品為主

身為義工的基本認知

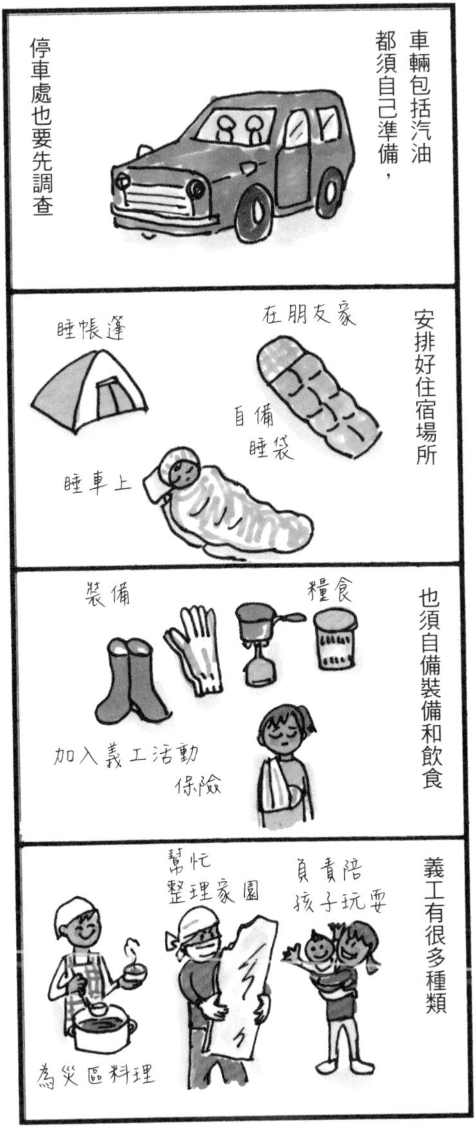
車輛包括汽油都須自己準備，
停車處也要先調查
安排好住宿場所
在朋友家
睡帳篷
自備睡袋
睡車上
也須自備裝備和飲食
糧食
裝備
加入義工活動保險
義工有很多種類
負責陪孩子玩耍
幫忙整理家園
為災區料理

自己打理一切是身為義工的基本原則

倉促前往災區做義工，有時無法順利進行。三一一大地震剛結束的當下，考慮到住宿、餐食、停車場等，以及道路狀況之類的理由，有時義工僅限定當地居民才可擔任。此外，災區可能禁止一般車輛進入，無經驗者若要前往災區幫忙，絕不可造成災區負擔。另外，各地也設置有義工中心，先蒐集資訊、確認後再行動。在災區活動十分辛苦，切記好好照顧自己、避免累積疲勞。

災區支援

有苦難言的人

有位老人家
被送到寒冷的避難所
為了避免上廁所，
減少喝水……
配給的飯糰和乾麵包，
吃不下去
最終原因
是假牙不在身邊
因嚴重身體衰弱送醫

許多人因「假牙」而得救

對某人而言就像身體一部分般的重要物品，緊急時有可能無法從家中帶出。有個遺失假牙的老奶奶來到避難所，因在乎他人眼光又害羞，老奶奶一直無法找人商量假牙的事。結果，老奶奶無法食用乾麵包，身體因而嚴重衰弱。避難所中最受歡迎的義工，是可以「立刻做假牙」和「立刻做眼鏡」的人。

對某人而言
重要的東西

災區支援

用文字讓人知道自己的專長

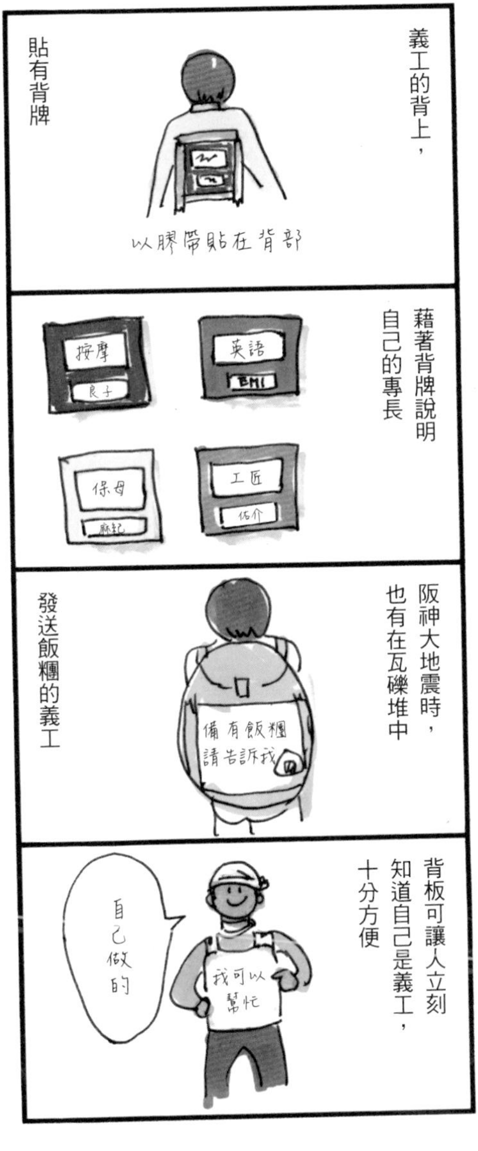

身穿「負責工作」的背牌

義工的工作非常多元，但無法做到每個人都適才適用。為了有需要的人方便求助，將自己的姓名寫在背牌上，並寫上自己能做的工作如手語、台語、客語、按摩、美髮、勞力、保母、水電、工匠、駕駛……，盡力地做好每一件工作。

災區支援

受歡迎的支援物資

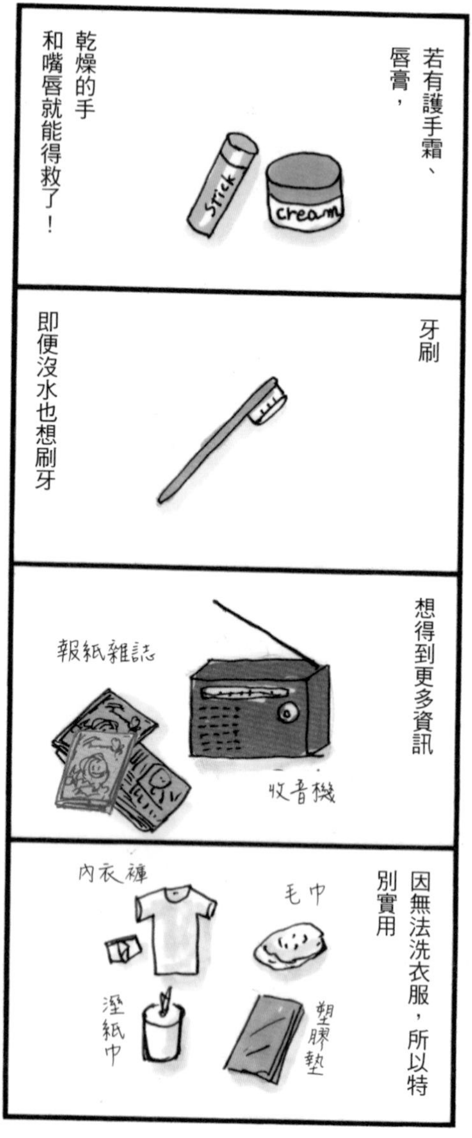
若有護手霜、唇膏，
Stick
cream
乾燥的手和嘴唇就能得救了！
牙刷
即便沒水也想刷牙
想得到更多資訊
報紙雜誌
收音機
因無法洗衣服，所以特別實用
內衣褲
毛巾
溼紙巾
塑膠墊

保養因酒精消毒而乾燥的雙手

在無法用水的避難生活中，人們頻繁使用含酒精的溼紙巾，也因此造成手部肌膚乾燥不適，據說許多在避難所生活的女性為此所苦。支援物資中沒有肌膚保養品，所以護手霜特別受到歡迎。若是紫外線強的季節，防曬油之類的保養品應該也很受歡迎。

用水稀釋
浣腸劑中的甘油，
就成了保溼乳液

災區支援

幫髒掉的照片重新找回色彩

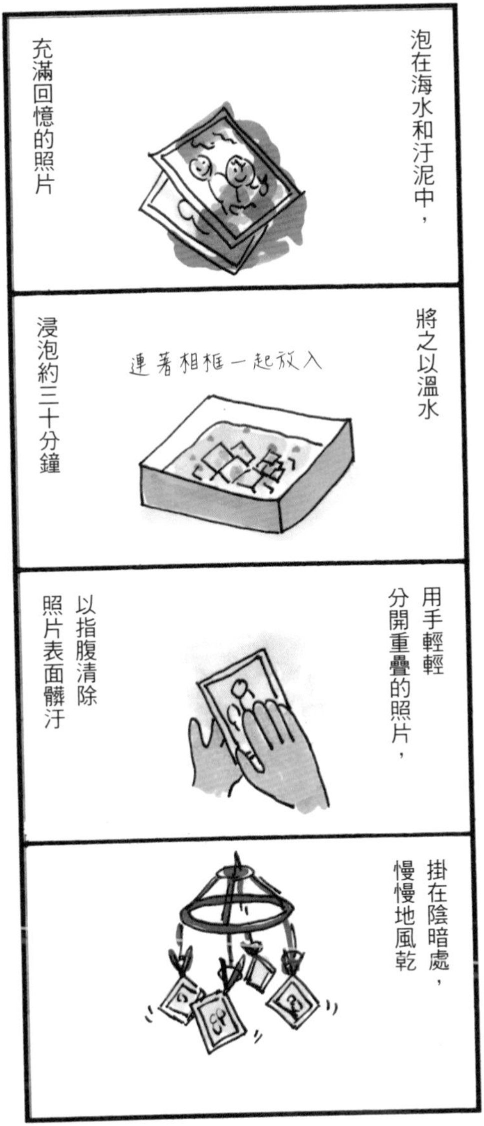
泡在海水和汙泥中，
充滿回憶的照片
將之以溫水
連著相框一起放入
浸泡約三十分鐘
用手輕輕
分開重疊的照片，
以指腹清除
照片表面髒汙
掛在陰暗處，
慢慢地風乾

清洗遭海嘯吞噬的照片

可水洗的照片，是在照相館沖洗的「銀鹽照片」，家庭用印表機的「噴墨印刷」無法防水。而「負沖相片」是塑膠樹脂，比「相片印刷」的紙質更耐，且大多收在負片套中(半透明保護袋)，不易損傷，可再次製作成相片印刷。數位儲存裝置以清水洗淨再乾燥後，還可能再使用。

以水清洗儲存
裝置再乾燥
SD

支援災區

以各種方法支援災區

稍微改變看看
度過周末的方式
和家人、朋友、
伴侶，
關上家中電燈
一起到外面吃飯吧
或利用災區食材
料理……
也是默默支持的方法，
在自己能力所及範圍內
表達支持

有工作，就可找回生存的驕傲和正常生活

三一一大地震過後僅僅一個月，位於災區的鹽釜漁港便有了鮪魚的漁獲。據說這些插上競標牌的鮪魚以將近平常兩倍的價格競價。這天，充滿精神的吆喝聲響徹整修過的魚市場。祈求受災的漁業相關災民都能透過工作，盡早找回驕傲和平常的生活。而沒有遇到災難的我們，是否也應該以各種方法支持災民們呢。

鮪魚捕獲量日本第一

日文數據引用來源、參考文獻

e-college
http://www.e-college.fdma.go.jp/index.html

消防廳防災指南
http://www.fdma.go.jp/bousai_manual/index.html

練馬區防災網頁
http://www.gensai.com/bousai/jisin/zukan/index.html

人與未來防災中心
http://www.dri.ne.jp/shiryo/katari.html

防災對策指引
http://bousai.apk7.com/

家中可實踐的防災對策講座
http://bousai.rdy.jp/mt/

枚方市寢屋川消防組合
http://www.hirane119.jp/index.htm

橄欖 (Olive)
http://sites.google.com/site/olivesoce/

《車諾比 · 放射能與營養》
V.N. 克魯宗／I.P. 羅蘇／O.P. 切斯多夫
著，白石久二雄翻譯，實業公報社出版。

那天……
我正在
山梨縣旅行
丈夫在
高層大樓的辦公室中，
搖晃強烈
書架垮了
大女兒在
東京都心打工
大樓在搖晃
二女兒在
加拿大留學
TSUNAMI
LIVE
各有各的不安回憶

作者說

我的育兒生活，是從阪神大地震（一九九五年）發生的那年開始。因此，我積極地參加防災訓練、急救講座、地震讀書會等活動，熱心學習。所以對於防災知識，我一直自認比一般主婦有更豐富的認識。

然而，發生大地震的二〇一一年三月十一日。

旅行中和家人失散、停電、通訊中斷、交通癱瘓、斷斷續續令人不安的消息……一回神，發現自己陷入恐慌。三一一大地震是這樣地令人措手不及。那時，我重新體認到災害是何時何地都可能發生，因此抱著反省和寫備忘錄的心情，在地震十天後開設了「ikinokoru.info（活下來．資訊）」部落格。之後，認識出版社編輯山田先生，點燃了我出書的動力。

最後，對於訴說災區狀況的釜石市小光、煩惱時給予明智建議的伊藤亮一先生、監修的渡邊實老師和負責編輯的大山先生，還有在繁忙時支持我的相關人士，以及閱讀本書的各位，表達由衷謝意。

小小知識也能得到大大的安心。祈願這本書能在緊急時，為讀者們幫上一點忙。

大家的防災安心手冊

作　者—草野薰
監　修—渡邊實
譯　者—陳瀅如
主　編—李宜芬
責任編輯—楊佩穎
美術設計—比比思設計工作室
執行企劃—張燕宜
企劃助理—石瓔寧

董 事 長
總 經 理—趙政岷
總 編 輯—余宜芳
出 版 者—時報文化出版企業股份有限公司
（一〇八〇三）台北市和平西路三段二四〇號四樓
發行專線—（〇二）二三〇六—六八四二
讀者服務專線—〇八〇〇—二三一—七〇五、（〇二）二三〇四—七一〇三
讀者服務傳真—（〇二）二三〇四—六八五八
郵撥—一九三四四七二四時報文化出版公司
信箱—台北郵政七九～九九信箱
時報悅讀網—www.readingtimes.com.tw
電子郵件信箱—ctliving@readingtimes.com.tw
法律顧問—理律法律事務所　陳長文律師、李念祖律師
印　刷—華展印刷有限公司
初版一刷—二〇一五年六月十二日
定　價—新台幣二八〇元

行政院新聞局局版北市業字第八〇號

4コマですぐわかるみんなの防災ハンドブック
"Yonkoma de sugu wakaru Minna no bousai handbook" by Kaoru Kusano

Original Japanese edition published by Discover 21, Inc., Tokyo, Japan
Complex Chinese edition is published by arrangement with Discover 21, Inc.

大家的防災安心手冊 / 草野薰著 渡邊實監修；陳瀅如譯. -- 初版.
-- 臺北市：時報文化, 2015.06
面；　公分. -- (漫畫一般；FAH0357)
ISBN 978-957-13-6280-9(平裝)
1. 防災教育 2. 災害應變計畫

575.87　　　104008231